Татьяна Линчик

Мама, я тебя люблю

О внутренней силе и бесконечной
любви

Часть первая

2025

Published by Hertfordshire Press Ltd © 2025
e-mail: publisher@hertfordshirepress.com
www.hertfordshirepress.com

Мама, я тебя люблю

Татьяна Линчик ©

Язык издания Русский

Дизайн обложки Линчик Евгений

British Library Catalogue in Publication Data
A catalogue record for this book is available from the British Library
Library of Congress in Publication Data
A catalogue record for this book has been requested

ISBN: 978-1-913356-97-2

О ПРЕМИИ ЗА ЛУЧШЕЕ ПРОИЗВЕДЕНИЕ В ЖАНРЕ NON FICTION

Конкурс Open Eurasia и премия издательства Hertfordshire Press в категории Non-Fiction учреждены с целью поощрения авторов, чьи произведения в жанре документальной прозы вносят интеллектуальный и культурный вклад в понимание современной Евразии.

Эта номинация отмечает работы, основанные на реальных событиях, личных историях, исследованиях и наблюдениях, в которых отражается подлинный человеческий опыт, уникальные знания и авторская мысль. В центре внимания — тексты, раскрывающие важные темы через призму фактов: от биографий и мемуаров до научно-популярных эссе и культурологических исследований.

Non-Fiction — это литература, которая помогает обществу слышать голоса очевидцев, исследователей и мыслителей. Именно в этом жанре фиксируются незаметные на первый взгляд изменения, раскрываются сложные исторические, социальные и личные контексты. Hertfordshire Press рассматривает такие книги как интеллектуальные мосты между культурами, поколениями и регионами.

Премия присуждается за глубину содержания, актуальность темы и способность автора говорить с читателем ясным и уважительным языком. Победители получают возможность публикации на английском языке в Великобритании, а также презентации книги на международных культурных и дипломатических площадках. Это признание важности документального жанра как пространства живого знания, критического мышления и диалога.

ГЛАВА 1. БЕЗМЯТЕЖНОСТЬ

В коробочке лежит листок, а на нем начертан один из знаков. Символ мужчины или женщины. Это пол нашего будущего ребенка. Муж, Евгений, сидит напротив, за его спиной окно на оживленную весеннюю улицу, там то и дело проезжают машины, спешат по своим делам пешеходы. А мы сидим в кафе, сейчас обеденный перерыв. И я вижу, как супруг волнуется, какой трепет перед этим событием испытываем мы оба.

Мне настолько не терпелось сообщить эту радостную весть супругу, что я вызвала его на обеденный перерыв. И мы примчались сюда из разных концов Москвы.

Я ехала прямиком из женской консультации. Срок 18 недель, все анализы идеальны, все скрининги и тестирования на отлично. Как не радоваться? И вот УЗИ. Малыш здоровый, прекрасный, ручки, ножки — все на месте, по всем параметрам замечательно, мне даже распечатали его фото. Он прижимается к стенке моего живота и будто ручками обнимает, хочет сказать: «Мама, я с тобой, и я тебя люблю».

До этого дня это всегда был малыш, он или она, наш ребенок, мой любимый и желанный. А теперь известен пол. Ведь на таком сроке все видно, и наш кроха не собирался скрываться, он уже хотел, чтобы мы знали. Как только мне сообщили пол, я захотела, чтобы и Женя знал, но обязательно как-то по-особенному, чтобы этот день стал счастливым и незабываемым.

Муж открывает коробочку, кажется, его руки даже слегка дрожат, смотрит на листок, видит наспех начертанный биологический символ мужчины. Поднимает глаза, в них стоят слезы. Это радость. Мальчик. Сын. Наследник. Наш малыш.

Мы вскакиваем, чтобы обняться, между нами массивный стол, и сцена получается какой-то комичной, но эти неловкие движения навстречу друг другу совсем не портят момент, а, наоборот, делают его даже каким-то милым и особенным. Запоминающимся и нашим.

Еще вчера мысль о том, что мы станем родителями, что у нас будет малыш, девочка или мальчик, была такой привычной. Но вдруг мы точно и наверняка это осознали. Радость обрушилась лавиной. И накрыло новое осознание чего-то важного. Мальчик. Наш мальчик.Миллионы планов. Картинок в голове. Вопросов, каким он будет. А что ему будет нравиться больше футбол или хоккей? А каким спортом он захочет заниматься? Физик или лирик? А может, он будет художником или музыкантом? Как мы будем проводить совместное время, куда ездить, в какую школу он пойдет? А какой университет выберет? А его свадьба? Какую девушку он полюбит?

Но это всего лишь листок, на котором начертан символ мужчины. А малыш у меня в животе. Здоровый и прекрасный малыш, который толкается так неистово, что еще в 12 недель было понятно, внутри очень активный ребенок. Возможно, даже спортсмен.

***

У двери реанимации стоит стол и стул, напротив еще пара стульев и чуть поодаль есть диван. На столе стопка бумаг и ручка. Это образцы и бланки согласий на разные экстренные вмешательства. А интубация и постановка подключичного катетера к таким относятся.

Здесь никого нет, только я. Металлическая тяжелая дверь примагничена замком наглухо. Она выглядит более неприступной, чем самая неприступная крепость.

В воздухе звенит тишина, и звук одной из потолочных ламп стрекочет в моих ушах.

Невозможно думать о чем-то. Страх полностью парализовал меня. Липкий, черный, затягивающий в самую глубь. Страх за жизнь моего сына.

Защитная функция мозга не дает вспоминать и анализировать, как это все произошло. Как быстро все случилось. В крови высокая концентрация гормонов материнства, они старательно помогали развиваться ребенку внутри моего организма, делая меня мягче, заботливее и чувствительнее с каждым днем.

Вдруг меня насквозь пронзает громкое пиканье магнитного замка двери. Дверь открыли. И тело сжимается еще больше. Кажется, каждая моя мышца, каждая клетка стремится вжаться в центр тела и сделаться невидимой. Так меня не коснется то, что может сейчас произойти. Не обожжет весть, которая способна разрушить.

Крупная женщина в хирургическом костюме, шапочке и в одноразовом халате, наброшенном, но не застегнутом, выходит из тяжелой двери отделения реанимации. Она медленно идет и тяжело дышит, в ее руках пробирки. Там кровь. Я чувствую сердцем и понимаю разумом, это Его кровь. Моего малыша.

Она не смотрит на меня. Меня здесь нет. Она смотрит сквозь. Потому что посмотреть на меня, значит признать, что я существую. Что могу подать голос. Спросить, как он? Как мой малыш? Что с ним? Он будет жить? Он жив?

А она не хочет вопросов. Она медсестра и делает свою работу: набрать в пробирки кровь, отнести в лабораторию, отдать на анализ по «цито». Потому что это срочно. Потому что он на грани.

На вопросы должен отвечать врач, а она не должна. Поэтому лучше не заметить заплаканную и измученную женщину, которая от страха стала занимать в пространстве гораздо меньше места, чем обычно. Для всех лучше. Кому нужны эти сцены, начнет говорить и плакать, разве она не видела всего этого много раз? Разве кому-то может это понравиться?

А противное пиканье магнитного звонка, громкое и пронзительное, так и стоит в ушах. И много раз эта дверь открывалась, и этот звук снова пронзал насквозь. Все тело вздрагивало и снова сжималось, хотя, казалось, куда же еще. Но с каждым разом внутри находилось еще немного места, чтобы сделаться еще меньше.

ГЛАВА 2. ПОДСТЕЛИТЬ СОЛОМКИ

Свадьба была красивая. Как нам обоим хотелось. Мы многое делали сами, старались своими руками сотворить чудо.

В один вечер сделали множество пригласительных. Все было непросто, мы вложили в них немало энергии. Каждое пригласительное выглядело так: открытка, внутри которой вклеен полупрозрачный лист, как вуаль, а на нем витиеватым шрифтом выведена информация с точными данными о предстоящем событии. Еще пару слов об открытке. Снаружи она сделана тоже нашими руками. Это составная аппликация из лиловой и белой перламутровой бумаги, украшенная глянцевой атласной лентой и милым розовым бантиком. Все эти бантики из тонких шелковых лент были завязаны мной с огромной любовью и трепетом, как будто я мысленно обняла каждого гостя, которому предназначалась эта открытка.

Мы составили меню, запланировали количество гостей, выбрали торт, заказали белый свадебный автомобиль. Словом, окунулись в приятные хлопоты с головой.

В день свадьбы многое шло не по плану, приехала не заказанная машина, а другая, потому что забронированная попала в аварию. Не все гости смогли присутствовать. Но даже это и множество других нестыковок не могли омрачить наше счастье. Оно казалось огромным, заполняющим все вокруг. Мы улыбались и смеялись, плакали от счастья и подавали друг другу салфетки.

Внезапно среди заранее продуманной нами программы заиграла неожиданная музыка. Мы с Женей переглянулись. «Может, это в качестве паузы, чтобы не было заминки», — предположили мы. Но музыка набирала силу, играла все громче, зазвучала знакомая мелодия, а гости начали вставать со своих мест один за другим в разных частях зала, и каждый подхватывал слова, становилось все больше поющих людей вокруг нас. Это было так захватывающе! Они все смотрели прямо на нас, их глаза горели, а слова проникали в самое сердце:

Мы вошли
В этот замок из дождя
Только двое — ты и я,
И так долго были вместе...
Мы спаслись
В этом замке из дождя
Только двое — ты и я,
В самом одиноком месте,
Ты и я.

Трудно передать, как трогательно и красиво это выглядело, из моих глаз катились слезы радости и благодарности, что можно быть такими счастливыми! Женя обнимал меня, и казалось, что так хорошо просто не бывает. Наверное, это лучший подарок, который могли сделать друзья. Запоминается на всю жизнь.

В конце торжества, когда проводили гостей и мы садились в свое такси, чтобы уехать в теплую сентябрьскую ночь, на улице шел дождь, и мы радовались этому, как дети, несмотря на то, что могли промокнуть.

Дождь ведь это к счастью. И мы вошли в этот замок из дождя.

***

Казалось, что наша безмятежная и счастливая действительность должна быть именно такой — вместе мы можем все. У нас впереди вся жизнь.

Мы всерьез обсуждали и планировали детей. Мне хотелось как можно скорее стать мамой, я мечтала о ребенке. Ведь что может быть лучше, чем малыш, в котором самые любимые черты, который весь состоит из нас двоих, но при этом сам по себе отдельный человек.

К планированию детей я подошла со свойственной мне основательностью и ответственностью. В нашем окружении было несколько пар, которые хотели малышей, но по разным причинам их мечта не сбывалась. Шли годы, а долгожданный малыш так и не появлялся.

«Значит, — решила я, — мы на всякий случай обследуемся, и как только будем уверены в собственном здоровье, начнем ждать и планировать малыша». Мне так хотелось подстелить соломки, чтобы все шло мягко и гладко, как надо и как мы мечтали.

Параллельно шло строительство нашего дома. Уже началась отделка. Очень многое, да почти все, мы делали сами, вечерами укладывали утеплитель в стены, чтобы было тепло и хорошая звукоизоляция. Сами утепляли крышу. Это непростая процедура и отдельная история.

Крыша имеет скаты, поэтому бывают такие ситуации, когда приходится укладывать пласты минеральной ваты, лежа на спине прямо перед собственным лицом. Защитные очки и маска не очень помогают. Частицы, как мельчайшие иголочки, сыплются вниз и впиваются в кожу. После таких работ от мелких незаметных заноз чешется все тело. Руки и лицо красные и зудят еще несколько дней.

За такими занятиями проходили наши вечера до самой поздней ночи. А утром мы, полусонные, ехали на работу на ранней утренней электричке. В метро, когда наши пути расходились, мы целовались на прощанье, и каждый ехал дальше, на свое рабочее место. Вечером встречались и снова, как неразлучники, отправлялись домой, бывало даже, засыпали под монотонный стук колес вечерней электрички друг у друга на плече.

В выходные ездили за материалами. Знали все строительные магазины в округе и огромные гипермаркеты по всей Москве. Нам хотелось сделать наш дом самым красивым и уютным. Таким, который подойдет именно нам. Тем более мы были очень ограничены в финансах, все свои зарплаты спускали на материалы и товары для ремонта.

В отделке хотелось больше белого, чтобы расширить наше маленькое пространство. Доступно и просто, но стильно и со вкусом. Просматривали огромное количество журналов и ресурсов с интересными интерьерными идеями.

Свадьба прошла, и перед самой зимой мы остались в недостроенном доме. О свадебном путешествии даже и речи быть не могло. Достраиваем дом. Нам пора проводить отопление. Решили отложить поездку до лучших времен.

***

— Зачем вам это? — спрашивает женщина в крупных очках и белом халате.

— Я планирую ребенка и хочу быть уверенной, что полностью здорова.

Она не отвечает, только удивленно смотрит на меня, закатывает глаза и хмыкает:

— К хирургу запишетесь сами, кровь и мочу сдадите по записи, а это направление на УЗИ почек, и с результатами к нефрологу, раз вам так надо.

Беру кипу бумажек и направлений, выхожу из кабинета. Очередь осматривает меня с интересом. Иду на первый этаж, ищу в настенной таблице с расписанием хирурга, выясняю его часы приема и кабинет. Иду записываться к инфомату. В браке я взяла фамилию мужа, и некоторые документы еще оформляются, но полис уже получила — сейчас вдруг подумала, что современные методы электронной записи берегут наши нервы и время.

Обхожу всех врачей как будто у меня диспансеризация или я уже беременна и меня направили проходить специалистов. Но ни первое, ни второе не про меня. Это все затеяла я сама. Чтобы подстелить соломки.

И снова все хорошо, я здорова и даже нефролог, посмотрев результаты УЗИ моих почек, в которых много лет таятся не драгоценные, но камни, не нашел ничего подозрительного и одобрил планирование детей, с единственной оговоркой, что роды нужно планировать в профильном роддоме, для беременных с заболеваниями почек.

Мой муж Женя к этому времени тоже получил результаты, что он здоров, хотя и не сомневался в этом ни разу. Но мы же готовимся стать родителями, поэтому поддержал мое желание подойти к такому важному событию с максимальной ответственностью и еще раз удостовериться в этом.

Теперь мы абсолютно спокойно и решительно настроились на появление будущего малыша.

ГЛАВА 3. СЫН

В это утро я проснулась необыкновенно вдохновленной. Некое внутреннее чувство подсказывало мне, что я уже беременна, надо только подтвердить догадки. По-особенному билось сердце, я чувствовала трепетное тепло внизу живота, и хотелось обнять весь мир. «Удивительно, что все может быть так быстро и легко: только захотели, и сразу получилось зачать ребенка», — думала я. Хорошо, что мы проверили наше здоровье и теперь мне спокойно и хорошо.

Не стала раньше времени говорить любимому, пусть пока это будет мой маленький секрет, хотелось не догадками поделиться, а доказанными фактами. Купила необходимый тест на беременность, согласно инструкции лучше всего делать его утром. С трудом дождалась следующего утра, очень хотелось узнать как можно скорее.

Было солнечное утро выходного дня, нам не нужно было рано вставать и ехать на работу. Поднялась с постели и босыми ногами пошла к заветной цели. Пара минут до результата, и я вижу, как проявляется вторая полоска. Две полоски, значит — да. Беременна. Боже! Неужели я могу быть беременной? Это такое необычное и непривычное чувство. И почему когда-то я этого боялась? А теперь вот впервые беременна и сразу, как только мы захотели малыша!

Так, срочно сказать Женьке! Или нет, пусть спит, спросонья не поймет ничего и не обрадуется так, как мог бы. Подожду, когда встанет. Ну когда же он проснется? Пойду рядом лягу, может, тоже усну, в выходной можно хоть до обеда спать.

Легла и никак не засыпается. Какой там! Мысли атакуют одна за другой. А кто там, мальчик или девочка? А когда родится? Надо посчитать. Нет, ну почему так быстро все, думала это сложнее. Надо срочно ремонт заканчивать, живем без мебели, еле-еле наша стройка движется. Малышу нужно в чистом доме жить. Так, а как ребенка купать? У нас же душ только, а ванны нет, нужно на первом этаже ванну поставить. А что будет с моим телом? Вот бы остаться стройной и только живот чтоб округлился, беременные такие красивые бывают, тоже так хочу...

Какие только мысли не приходили в мою голову! Они появлялись, потом исчезали, оставшись без ответа, возвращались вновь с уточнениями и дополнительными вопросами. А Женя даже не знает. И спит. Ладно, пойду завтрак готовить, даже лежать не получается.

Помню, как поднялась на мансарду, муж уже проснулся, взяла в руки положительный тест и показала ему со словами: «Смотри, у нас будет ребенок».

Он удивился, немного задумался, а потом улыбнулся. Попытался пошутить, но получилось несмешно. Словом, бурной радостной эмоции я не заметила, видимо, еще не полностью проснулся. Женя поднял глаза кверху и начал мысленно рассчитывать, как нам теперь успеть со стройкой до появления малыша. Теперь нужно будет увеличить темп.

**

Время от времени я чувствовала, как каменеет живот, это было болезненно, но терпимо. Я вообще думала, что это нормально и так бывает у всех. Пришла на осмотр в женскую консультацию и на вопрос о жалобах ответила то, что чувствую. Оказывается, это повышенный тонус матки. Еще некоторые параметры доктору не понравились, и мне вызвали скорую помощь. Так я попала на сохранение. Из-за маленького срока меня определили в отделение, где не было беременных, либо были те, кто планируют от этой беременности избавиться.

Было страшно и одиноко. За окном пасмурный пейзаж, черные штрихи деревьев на фоне серого неба и грязный снег на дорогах и тротуарах.

Меня осматривала высокая стройная женщина-врач, лет сорока пяти. Она была такой жилистой и подтянутой, и от нее исходила какая-то необъяснимая сила, наверное, это сила знаний и богатого медицинского опыта.

При осмотре я вся сжималась. Инструменты холодные, ощущения болезненные, смотровой кабинет большой и неуютный.

— Девочка моя, ты беременна и срок еще совсем небольшой, — ее зычный голос звучал громко, усиливаясь, отраженный от стен.

— Ты должна понимать, что могут быть разные новые ощущения, организм впервые сталкивается с процессом создания нового человека. Пойми только одно. Беременность, которая должна состояться, состоится. И ребенок появится. Но если этому не суждено произойти, никакие лекарства и методы не помогут. А чтобы уменьшить гипертонус матки, тебе нужно больше отдыхать и очень важно не нервничать.

Я посмотрела на нее удивленными глазами, беззвучно кивнула и задумалась над этими словами. По природе своей я была такой чувствительной, переживающей обо всем, любое слово в мой адрес долго еще звучало в мыслях и не давало покоя. И я действительно нервничала по разным поводам. Чаще всего на работе, где мне часто приходилось разъяснять гражданам, как образуются суммы в их платежных квитанциях за коммунальные услуги в расчетном центре. И мало кому из пришедших нравились их начисления. Многие не сдерживали себя и обрушивали весь свой гнев на меня, а не на управляющую компанию и поставщиков тепла и воды.

Спустя пару дней в больнице, меня отпустили домой. После моих заверений, что чувствую себя хорошо, потому что дома гораздо лучше. Но дома я не сидела, все равно рвалась на работу, улучшать и совершенствовать систему расчетов.

***

Еще до того как мы узнали пол будущего ребенка, я говорила с ним. Гладила живот, и с любовью пела песенки, слушала классическую музыку или что-то рассказывала крохе. Уже тогда я считала ребенка очень важным и уделяла свое время ему.

Когда нам сообщили, что будет мальчик, мы задумались над именем. Были разные варианты, но, по моему мнению, они не подходили нашему сыну. Было одно, которое мне очень нравилось, однажды слышала его, еще до беременности, когда коллега разговаривала по телефону со своим маленьким племянником. И таким оно мне тогда показалось необычным, редким, но светлым и добрым, не вычурным и чужим, а родным и нежным. Платон. Мой Платоша.

Когда я подобрала имя и решила, что оно подходит больше остальных, пошла поговорить с Женей, спросить, какие у него есть варианты и согласится ли он с моим предложением. Оказалось, что у него заготовленных имен не было, и когда я предложила «Платон», муж посмотрел на меня немного неодобрительно, имя казалось ему очень непривычным, но супруг обещал подумать.

С этого дня я уже называла сына по имени и ждала, что Женя привыкнет и согласится, ведь негативной реакции на имя не было, просто непривычно. А значит, когда станет привычно, ему точно понравится.

***

За месяц до предполагаемой даты родов я поняла, что в случае начала схваток в будний день, мой муж не сможет отвезти меня в роддом, а самой добраться будет проблематично. Скорая помощь повезет в ближайший, а ближайший к деревне, где мы жили, наверняка не подойдет под критерии, рекомендованные наблюдающим беременность нефрологом. Мне еще на этапе планирования советовали выбирать многопрофильную больницу нефрологической направленности, из-за камней в почках.

Вызвать такси в роддом вроде бы не худший вариант, но учитывая, что я даже не представляла, какой будет сценарий родов, какой силы будут схватки, как быстро все будет происходить, эта идея показалась неподходящей. К тому же поняла, что не хочу оказаться в замкнутом пространстве с незнакомым человеком в такой момент. Осознав, что и за рулем самой добираться будет рискованно, посмотрела в календарь. Ну что ж, пара дней плюс или минус от предполагаемого дня родов это нормальное отклонение. «Платоша, было бы идеально, если бы ты родился в выходные, — мысленно говорила я своему малышу. — Как ты на это смотришь?»

В субботу рано утром, еще во сне я почувствовала первые схватки. Сегодня тот самый день. Я обрадовалась, но и немного насторожилась от неизвестности.

Встала с кровати, отправилась в душ, не спеша привела себя в порядок, уложила волосы и даже нанесла легкий макияж. К самой важной встрече в своей жизни готова.

Я знала, что первые роды чаще всего бывают долгими, поэтому бежать сломя голову в руки акушеров при первых же схватках не собиралась. После того как приготовила завтрак и подготовилась, разбудила Женю, сказав, что пора ехать.

Он моментально проснулся и вскочил с кровати, хотя на него это совсем не похоже, было видно, что очень волнуется. Фраза «пора ехать» от беременной жены была более бодрящей, чем утренний кофе. Он удивленно смотрел на меня, спокойно расхаживающую по дому и собирающую необходимые вещи. Хотя вот это уже не похоже на меня. Но утром в этот день я была именно такой, спокойной и уверенной, что все будет замечательно.

Тем временем схватки усиливались, и когда мы выехали из дома, спустя 5 часов после начала, они были уже очень болезненными, и спокойствия моего как не бывало.

Благодаря пройденным курсам по подготовке к родам — это тоже в моем стиле — я знала, что боль не будет постоянной, схватка обязательно сменится паузой, которая длится дольше. Во время нее я отдохну и расслаблюсь.

Мне казалось, что боль просто катастрофически сильная, терпеть ее было невозможно. Но оказалось, что это только начало.

В роддоме были оформлены все необходимые документы, мне выдали безразмерную ночнушку, и я стала похожа в ней на приведение или заблудившуюся растерянную моль. Мой макияж уже выглядел небрежно, а на лице выражалось страдание.

Осмотр на кресле констатировал, что мы даже не в середине пути. В довершение всего, от страха, боли и больничных стен, родовая деятельность замедлилась, схватки так и остались очень мощными, но не учащались.

В предродовой палате было не меньше восьми кроватей, на которых лежали женщины готовые отправиться в родильную палату, кто-то раньше, кто-то позже. Две сидели на больших гимнастических мячах, чтобы стимулировать родовой процесс.

Меня также усадили на мяч и велели на нем прыгать, чтобы моя родовая деятельность ускорилась. Покачиваясь или сидя на мяче, я заметила, что схватки становятся еще сильнее, они изнуряют меня, сил остается все меньше.

Среди рожающих женщин, где каждая реагирует на боль по-своему, кто-то кричит, кто-то плачет, а кто-то вообще орет благим матом, не получается думать только о своих родах. Вся эта атмосфера пугает, а страх — это самый верный спутник замедления или остановки родовой деятельности.

Так я дождалась своих капельниц. Теперь я уже лежала на кровати, на животе были закреплены датчики контроля сердечной деятельности малыша, в локтевом сгибе капельница, а боль с каждой каплей все сильнее. Если учесть, что кричать от боли я начала еще в машине по дороге в роддом, то как назвать те звуки, которые я издавала спустя уже 10 часов с момента начала первой схватки? У меня совсем не осталось сил, постоянная нарастающая боль отняла их.

За окном был солнечный сентябрьский день, видно было макушки деревьев, умело позолоченные осенью, но все еще было много зеленых листьев. Мне хотелось сбежать отсюда, пусть все как-то само произойдет, без моего участия, почему так нельзя? Как унять эти страдания и боль или как хотя бы ускорить?

В общую предродовую палату вошел врач, чтобы провести осмотр всех рожениц. Я взглянула на него с надеждой и с трудом вымолвила пересохшими губами:

— Скажите, пожалуйста, когда можно будет обезболить? У меня уже совсем нет сил. Можно же сделать анестезию?

— О, девочка моя, раньше надо было, а теперь поздно. Скоро в родовой зал пойдем.

Спустя некоторое время я была рада, что тогда мне не досталось анестезии. Что я выдержала и смогла самостоятельно родить. Пусть и не так, как мне впоследствии представлялось идеальным.

***

— Мамочка, смотрите, кто у вас, — слышу я от акушерки.

— Мальчик... мой... Платоша... — мокро и больно в глазах. — Как же он на Женю похож.

И слезы счастья хлынули по моим щекам, и уже ничего не получалось сказать связно. Какое непередаваемое счастье быть причастной к чуду рождения человека в этот мир.

В то мгновение, когда я увидела своего сына, все, что было до этого, перестало иметь значение. Абсолютно не важна была вся эта боль, мучения, выдавливания и разрезы. Он был такой беззащитный и маленький, он был внутри, а теперь снаружи, и все мое тело хотело вновь обвить его собой, обнять руками, прижать к себе и создать ему такой же уютный мир вокруг, какой окружал его еще этим утром.

Платон получил при рождении высокие баллы по шкале Апгар, 8/9. Это говорило о том, что он здоров и полон сил. Его запеленали и положили рядом со мной, но на отдалении и коснуться его я не могла. Только кое-как поворачивалась в его сторону, до боли косила глаза, чтобы видеть его, чтобы осознавать, что он теперь часть моей жизни, мое дитя.

Меня накрыла волна эйфории. Огромное количество гормонов счастья в моей крови плескалось и билось о стенки сосудов. Каждая клетка моего тела была счастлива и будто кричала от радости. Это произошло. Мой сын здесь. Я его мама, случилось вселенское чудо. В этом состоянии я лежала на родильной кровати и хотела только одного, встать и взять своего сына на руки.

Тем временем пришел врач, который должен был зашить мои повреждения. Ускорить роды помогли острые медицинские ножницы, разрез я почти не почувствовала, показалось, большая пчела ужалила меня на пике схватки. Но восстановить разрезанные ткани и сшить их оказалось во много раз больнее, у меня не хватит эпитетов, чтобы это описать. К слову, это просто невыносимая боль. Почему в современном мире до сих пор так мучат женщин и не пытаются сделать эту процедуру безболезненной? Может, чтобы знала, что такое роды. Мучайся. А потом страдай и кричи, когда будут зашивать разрезы или разрывы. Кому что. А у кого-то их даже не бывает.

Когда эта адская процедура завершилась, я все еще наполненная эндорфинами спросила:

— Скажите, когда можно будет снова забеременеть и родить, учитывая разрез и шов?

— Странный вопрос задаете на родильной кровати, — сурово пробормотал доктор.

— Это же такое счастье — быть мамой, — с улыбкой и слегка прищуренными глазами ответила я.

Рядом был мой кроха, и жизнь казалась безмятежной и замечательной. Да и когда я еще смогу задать этот важный вопрос.

— Шов должен зажить. Не раньше чем через год, — отрезал доктор.

Мне на живот положили грелку со льдом и оставили лежать на какое-то время. Мой драгоценный малыш находился рядом, он так устал от процесса рождения, что мирно спал. А я тем временем медленно теряла кровь в больших объемах. Зашедшая санитарка тихонько ахнула, когда увидела, сколько крови набежало в емкость. И заменила ее на пустую. Не знаю, является ли это нормой, но что-то подсказывало, что такого не должно быть.

Меня переместили на каталку, Платона, туго спеленутого столбиком, положили на меня, в углубление, которое получается, когда ноги близко сдвинуты.

Когда мы перебрались в палату, я распеленала малыша и увидела у него на голове шишку. Из-за долгих родов у моего крохи образовалась припухлость — кефалогематома. Врач успокоил и заверил, что с высокой вероятностью она сама пройдет через некоторое время. Я тут же почитала об этом в интернете, когда я больше информирована, мне становится спокойно.

Примерно через 20 минут ко мне пришла медсестра или санитарка. Крупная, в белом халате плотно натянутом поверх медицинского костюма, она напомнила мне повариху из школьной столовой. Она, вероятно, думала, что помогает женщинам налаживать грудное вскармливание. А возможно, ей уже осточертела эта работа, каждый день смотреть на новоиспеченных матерей.

Она подходила к соседкам по палате, осматривала грудь и каждой что-то говорила. Когда подошла ко мне, отодвинула безразмерную сорочку, взялась рукой за мою грудь и сказала:

— Ни сисек, ни молока.

Вот так специалист по налаживанию грудного вскармливания, а может быть просто санитарка или бог знает кто, поддержала меня в начавшемся материнстве.

Но я читала книги и посещала курсы, а еще я заранее всю себя обследовала и очень сильно хотела ребенка. Поэтому я абсолютно точно собиралась кормить его своим грудным молоком, сколько бы его ни было.

К моменту выписки все наши анализы с Платоном были хорошими, во всяком случае в них не нашли ничего настораживающего. И я счастливая, сбросившая как минимум двенадцать килограммов из набранных двадцати четырех, покидала стены роддома налегке, но с сыном на руках.

***

С одной стороны, я была самым счастливым человеком в мире, с другой — самым не выспавшимся. Платон желал спать на ручках и не хотел разлучаться с грудью. До его рождения в моем представлении материнство было какой-то идеальной картинкой. Малыш рождается и только и делает, что радует родителей. Он спит, ест и снова спит. Спокойно лежит и изучает пространство, когда возникает какая-то потребность, немного плачет, сообщая о ней, получает желаемое, и снова в спокойном русле и безмятежности течет счастливая семейная жизнь.

Но все оказалось не так. Малыш с самого первого дня в роддоме отказывался лежать где-либо, кроме моих рук. Первая наша совместная ночь была абсолютно бессонной, я носила его на руках, он плакал, как только я пыталась забрать грудь или положить его в кроватку. Учитывая мою огромную кровопотерю и слабость, я перемещалась по стенкам. Носить на слабых руках ребенка было непросто и небезопасно. Поэтому старалась держать его над своей кроватью и все-таки быть поближе к стене, чтобы прислониться.

Соседки по палате кормили своих детей, лившимся как из рога изобилия молоком, и малыши засыпали, а потом долго и тихо сопели в своих прозрачных кроватках, пока мамочки отдыхали или общались с родными. А я смотрела на все это с грустью и непониманием, перемещаясь по палате со своим долгожданным, но почему-то очень беспокойным сыном.

Дома мы привыкали к совместной жизни в новом статусе, когда ребенок снаружи меня, и вроде бы должно быть легче, потому что на последних месяцах было тяжело даже просто ходить. Но мои руки теперь были всегда несвободны, и почему-то обычная жизнь стала намного сложнее.

Наш дом был все еще в состоянии ремонта. Спальня, детская и ванная комната на мансарде были полностью готовы, и там мы с Платоном проводили почти все свое время, за исключением прогулок. А на нижнем этаже по выходным продолжалась стройка.

Про одну прогулку хочется рассказать отдельно. Выдался на редкость теплый и солнечный сентябрь. Я вышла на улицу, уложила кроху в нашу красивую коляску в ретро стиле и покатила ее по неровной и пыльной проселочной дороге, лучи солнца касались моей кожи и мягко согревали ее. Состояние радости при этом умножалось и отражалось от меня. Я любила прогуливаться по улочкам нашей деревни, а потом свернуть в дубовую рощу с многовековыми деревьями. Эта роща упоминается в летописях времен Ивана Грозного, она уже была на этом месте в ту эпоху и наверняка видала многое.

Лучи солнца пробиваются сквозь могучую позолоченную крону величавых дубов, легкий ветерок развевает мои волосы, ажурная тень от ветвей падает на спящего в коляске Платошу, укрытого небесно-голубым вязаным пледом. И, кажется, будто воздух стал плотным и особенным, а все вокруг стало невероятно ярким.

Мое сердце вдруг сжалось, и я почувствовала, что просто обязана запомнить этот момент на всю жизнь, законсервировать его, запечатлеть, сфотографировать на пленку памяти и никогда не забывать. Отчего вдруг появилось такое желание? Ведь в тот момент я счастливая новоиспеченная мамочка, и кроме недосыпа и животика у малыша меня ничего не беспокоило, и казалось бы, впереди еще много красочных и незабываемых моментов. Но почему-то врезались в память именно эти кадры.

ГЛАВА 4. УЛЫБНИСЬ, КОСМОНАВТ

В три недели жизни мы заметили, что сын перестал набирать вес. Педиатр сразу рекомендовала докармливать смесью — мало молока. Я верила, поэтому купила смесь и начала докорм по инструкции. Но ночами искала в интернете информацию, есть ли способ самой продолжать кормить ребенка. Ведь грудное молоко гораздо полезней. Неужели я и правда, какая-то «немолочная»?

Нашла много толковых советов о грудном вскармливании. Оказывается, все достаточно просто. Нужно кормить ребенка, постоянно сменяя грудь, а не часами держать на одной. Природа все сделает сама, и организм справится. Еще очень важно правильное прикладывание младенца. Вот тут были сложности. Платон — мой первый малыш, кормящих подруг на тот момент не было. И перенять опыт не у кого. Но я узнала, что можно обратиться к консультанту по грудному вскармливанию. Информации находилось не очень много, но кто ищет, тот находит. Я позвонила по указанному номеру и пригласила специалиста для того, чтобы она оценила, как захватывает грудь мой ребенок.

К нам домой приехала высокая стройная женщина с приятной улыбкой. У меня сразу промелькнула ассоциация с волшебницей Мэри Поппинс. Своим спокойствием, приятным тихим голосом, тактичностью и бережностью она покорила меня. Пробыла со мной несколько часов. Посмотрела, как я кормлю, скорректировала позы, объяснила, что главное, чтобы маме было комфортно и удобно кормить малыша, тогда она будет спокойна, и гормоны будут вырабатываться в нужном количестве, от них зависит объем молока. К тому же первые три недели жизни малыша у многих мам кризисные, в этот момент естественным образом снижается количество гормонов лактации, а потребность у крохи, наоборот, увеличивается.

Конечно, у меня малыш, который круглосуточно хочет спать на ручках, муж весь день на работе, помощи почти нет. Во время кормлений мне бывает больно из-за неправильного прикладывания, я нервничаю и терплю боль. Это все не идет на пользу лактации.

Кроме того, на первом этаже ремонт еще не закончен, и я не спускаюсь с Платошей на кухню, чтобы самой поесть, потому что там строительная пыль и не устроено. Бывало, что я весь день оставалась в спальне и выходила только с сыном на прогулку. Воды тоже пила я недостаточно.

Также консультант посоветовала показать малыша остеопату, чтобы скорректировать правильность захвата груди при кормлении. Ей показалось, что в этом есть именно физиологическая причина. Бывает, что при родах немного смещаются кости черепа и возникают мышечные зажимы челюсти, которые не дают ребенку полноценно брать грудь.

Мы записались на прием, и уже через несколько дней нас пригласили к специалисту.

В кабинете остеопата мой кроха вел себя спокойно, я положила его на кушетку. Он внимательно смотрел на врача, а потом увлеченно рассматривал потолок. У него был очень серьезный вид и за выразительный взгляд и тонкую хлопковую шапочку, как подшлемник у космонавта, специалист назвал его Космонавтом.

Тогда я задумалась, что это вполне возможно, ведь уже давно есть космические туристы, а через 20—30 лет темпы освоения космоса могут стать еще более быстрыми, и наши дети запросто смогут там побывать.

После удивительных манипуляций остеопата, который просто, как будто ничего не делал, подержал ребенка на руках три раза с небольшим промежутком, а потом я приложила сына к груди. И, о чудо! Он захватил грудь так, что мне наконец-то стало не больно, но при этом я почувствовала, что он схватился очень крепко. Значит, цель достигнута. Кормление точно наладится и не будет никакого докорма смесью!

Через полчаса мы уже ехали домой, наш Космонавт мирно спал в автолюльке, и в тот момент мы были счастливыми молодыми родителями.

День за днем у меня получалось уменьшать питание смесью благодаря большему количеству молока. Платон снова начал набирать вес, и казалось, что сложности и испытания позади.

Нашему мальчишке исполнился месяц. Спать он стал немного лучше, но все равно был очень чутким и предпочитал либо мои руки, либо коляску во время прогулки. Тряска из-за неровностей проселочной дороги и свежий прохладный воздух его убаюкивали.

Каждый день с утра и до вечера, не считая прогулки, я носила его на руках. Мы перемещались по дому и рассматривали с ним все, что встречалось на пути. Подолгу смотрели в окно, как осенний ветер срывает листья с деревьев, как капли стекают по стеклу, и изучали, каких оттенков бывают тучи. В дождливые дни гулянья были короткими.

Мне хотелось быть лучшей мамой для него. Я вырезала из книжки и показывала ему черно-белые картинки, рисунки с эмоциями, подолгу разговаривала с ним, положив на колени или держа на руках.

Но он не улыбался мне. Он был Космонавтом. Внимательно изучал, но не улыбался.

Как всегда мне требовалась основательная и достоверная информация. Полезла в источники и выяснила, что в норме первая социальная улыбка у младенца появляется с четырех до шести недель. Немного забеспокоилась. Уже пора бы улыбнуться, почему же мой малыш такой серьезный?

Поэтому в наши полтора месяца мы побывали на приеме в частной клинике у педиатра-невролога. Она осмотрела Платошу, направила на исследования и назначила некоторое лечение. Оказалось, что причина в затяжных родах, в том, что он долгое время не мог родиться, в условно-короткой пуповине и гипоксии. А я и не знала, что мои роды считались тяжелыми, ведь никто не сказал.

«Мы выполним предписания, и все будет хорошо», — отозвалась мысль в моей голове. Он ведь в остальном здоров, и это главное.

Дома мы начали лечение, и каждый день выполняли инструкции. И действительно, не прошло и двух недель, Платоша мне улыбнулся. Первая его улыбка застала меня врасплох.

Я как обычно разговаривала с ним, кивала, улыбалась и что-то нежно напевала. И вдруг случилась эта обезоруживающая улыбка. Мои глаза тут же наполнились радостью, и слезы покатились по щекам. Сердце жизнерадостно забилось. Все хорошо. Улыбается! Это же самое настоящее счастье. Мой сын улыбается!

ГЛАВА 5. ПРОСТО ПРОСТУДА

Так мы и жили, проводили весь день вдвоем с Платоном, потому что каждое утро Женя уезжал на работу, а возвращался уже поздно вечером, в то время когда я в ванной купала Платошу. Присоединялся к процедурам и вечерним ритуалам перед сном. Потом я ложилась вместе с малышом в кровать, потому что никакой другой вариант не давал эффекта и уложить спать на ночь можно было только этим способом. Он спал только со мной либо на руках. Если перекладывали в кроватку, то сон там продолжался минут пятнадцать, это самое большее.

Так мы жили два месяца. И однажды случилась совершенно бессонная ночь, Платон плакал, засыпал на короткое время и снова просыпался, я была абсолютно истощена, не понимала, что происходит. Со сном и так не все хорошо, а тут стало вдруг еще хуже. Он показался нам горячим, измерили температуру. Термометр показал 37,6 градуса, спустя час 38. Неужели заболел? Как?

Но мы никуда не ходили, кроме улицы, в гости тоже никто не приходил последние пару недель. Разве что были в разных местах. Но у него симптомов никаких нет.

Конечно, мы не ожидали, что малыш заболеет. Я читала во многих источниках, что дети на грудном вскармливании не болеют как минимум до года. А тут два месяца всего, и вдруг простуда. Может, молоко у меня плохое и это со мной что-то не так? Может, я неправильная мать, которая не производит защитные клетки организма, не делится иммунитетом и не оберегает свое дитя? Недоглядела. Эти мысли роились в моей голове, им становилось там тесно, потом я чувствовала, как становится больно в Я тут же нашла в себе огромное количество недостатков, припомнила все наши социальные вылазки в магазин, гостей, пришедших в мой день рождения, когда малышу еще не было месяца. Вспомнила все свои «неправильные» мысли и вынесла обвинительный приговор. Под грузом вины очень тяжело живется. И продолжается постоянное самобичевание. Вместо поддержки.

Утром мы показали Платошу педиатру, ему назначили обычное лечение для вирусной инфекции. Спросили у доктора, почему ребенок заболел, доктор ответила, что такое бывает и даже на грудном вскармливании. Чувство вины немного уменьшилось.

Простуда у беспокойного грудничка, который и без этого плохо спит, отнимает очень много сил. Малышу ежеминутно хотелось быть на моих руках и со мной, я понимала, что он плохо себя чувствует и от близости с мамой ему становится лучше. От всего сердца мне хотелось сделать его настроение лучше, унять боль и исцелить, поэтому я отдавала все, что у меня было. Последние силы.

И действительно, мы заметили улучшение. Спустя три дня высокой температуры наступило выздоровление. Классическая легкая вирусная инфекция. Даже на радостях сделали дома импровизированный фотовечер. Потому что утонули в быту и делах, и как-то забыли про фотографирование. Давно хотели, но не находили времени.

Как я рада, что мы сделали эти фотографии! Сколько раз я пересмотрела их впоследствии! Несчетное количество.

Решили поберечь Платона и даже не пошли гулять. Но на следующий день все же собрались подышать свежим воздухом, тем более была удивительно хорошая погода для начала декабря.

Хотелось совсем праздничного настроения, и мы даже начали украшать гостиную и кухню — повесили хвойные гирлянды с шишками и красными бантами, и начала появляться зимняя новогодняя атмосфера. Дома стало уютнее.

Третий день после болезни был уже совсем привычным обычным днем. Но появилось ощущение, что Платоша немного не такой, как обычно, возможно, сонный, тогда я списала это на усталость организма после болезни.

И вот снова ночью почувствовала, что малыш горячий. Термометр подтвердил — жар.

Что же это такое, неужели снова лихорадка? А почему? Осложнение болезни? Но ведь он поправился. Снова рой мыслей о моей материнской несостоятельности, снова множество тревог и страхов.

Утром мы опять обратились к врачу, малыша осмотрели и назначили лечение. Доктор предположил осложнение и выписал антибиотики. Антибиотики в два месяца?! Даже в инструкции противопоказание для детей до трех месяцев. Выдыхаю. Так надо. Ведь причина серьезная. Начинаем принимать антибиотики, даю по часам в нужной дозировке. Каждые шесть часов жаропонижающие сиропы, а затем уже и через каждые четыре часа. Было ощущение, что лучше от лекарств не становится. С каждым разом температура снижается все хуже.

И мы повезли сына на консультацию в платную клинику. Там его осмотрел кандидат медицинских наук, рекомендовал сдать анализ мочи, но анализ крови почему-то не назначил. А уже в коридоре с мужем, мы сами, обсуждали, что, может, стоит и кровь сдать? Стоило только оплатить процедуру и войти в кабинет, было свободно. Но нам было очень жалко малыша, потому что ему будут колоть пальчик, сделают больно. Да и врач не назначил, значит, нет необходимости. Нам дали список лекарств и предположили отит. Теперь мы должны были капать специальное средство в ушки.

На следующий день, не видя улучшений, решили все-таки показать Платона еще одному доктору-отоларингологу, услышать второе мнение, действительно ли дело в отите. И почему лекарства не помогают, а температура стала так тяжело снижаться?

В другой частной клинике Платона осмотрел ЛОР. Никаких проблем по своей части не нашел, пожелал скорее поправиться, и мы ушли без назначений. Теперь мы решили остаться в городе, у родителей мужа. Оттуда было ближе ездить по разным медицинским центрам и консультациям.

А город уже вовсю горел огоньками и лампочками. Продолжались наши бессонные ночи, когда я ходила из угла в угол, качала на руках плачущего малыша и надеялась, что вот завтра станет получше, что лекарства помогут или, наконец, мы получим еще одну консультацию, и тогда уж точно найдется причина болезни. А симптомы только прибавлялись. Появилось расстройство пищеварения, и моего кроху даже дважды вырвало.

Днем мы вызвали врача, чтобы малышу назначили новое лечение или чем-то помогли. Платон постоянно лихорадил, он был горячий и измученный, температура не снижалась до нормы, она лишь падала на какие-то десятые градуса, я уже совсем не понимала, как ему помочь. К тревоге и страху добавилась настоящая паника.

Уже четвертый или пятый, даже со счета сбилась, доктор осмотрел Платошу, согласился, что состояние его не слишком хорошее, и решил, что оно связано с осложнением после простуды, значит, продолжаем дальнейшее лечение и принимаем антибиотики.

Этой же ночью, когда Платон совсем не мог уснуть, и ни одно из жаропонижающих не сумело хоть немного снизить температуру, мы вызвали скорую помощь.

***

В квартиру входит невысокая худенькая женщина лет пятидесяти, на ней форменный костюм из густо-синей плащевой ткани и безразмерная куртка с надписью «скорая помощь» на спине. Она проходит в комнату и участливо смотрит на измождённую меня с сыном на руках.

Я снова рассказываю нашу короткую историю. Простудился, лечили. Через три дня поправился. Еще через три дня начал снова лихорадить. Сменили два антибиотика, исключили отит, сегодня четвертый день второй части болезни. Температура плохо снижается, сегодня малыш почти не спал. И у нас уже был врач днем, и вечером приезжала скорая.

Фельдшер кивает, затем осматривает Платона опытным взглядом, щупает, задает вопросы. Я обращаю внимание, с какой сосредоточенностью она это делает. Достает фонендоскоп, сжимает холодную мембрану в кулаке, чуть согревает, а затем прикладывает к коже моего мальчика. И снова отмечаю, с какой заботой она это делает. Достает дужку фонендоскопа из уха, поднимает глаза на меня и говорит, что ей не нравится состояние моего ребенка, надо ехать в стационар.

По выражению ее лица я понимаю, что все очень серьезно.

— Соберите необходимое и поедем.

Отдаю Платошу в руки Жене и в замешательстве, как в тумане, начинаю сбор вещей. Кидаю в пакет все, что может потребоваться малышу: одежда, памперсы, средства гигиены, пара погремушек, пеленки и одеяло. И главное — не забыть соску, потому что последние дни без нее вообще невозможно. Для себя бросаю только зубную щетку и сменную одежду.

Я надеваю куртку поверх домашней одежды, застегиваю обувь, и у меня начинается истерика. Я рыдаю и не могу остановиться. Понимаю, что все настолько серьезно, что его жизнь в опасности, что это не просто простуда и что, наверное, я плохо искала врача, который смог бы назначить спасительное лечение. А сейчас мы выходим из дома в неизвестность. В зимнюю бесснежную темноту. И в моей жизни наступает такая же холодная непроходимая мгла.

С ребенком на руках я плетусь к лифту, Женя несет пакет с вещами. Мы садимся с Платоном и доктором в машину. Мужу не разрешают ехать с нами. Слышится лязг железной двери, мы трогаемся. И несемся по темной улице с сиреной и мигалками. Этот звук внедряется в каждую клетку моего организма, встраивается в мою ДНК. Становится тревожно, страшно и ощущается, что впереди серьезная опасность. Кое-где я вижу фонари, но огоньки расплываются в дождливом окне газели и сливаются в сюрреалистичные пятна.

В окошко я замечаю большое пятно в форме нашего автомобиля, в котором, нарушая скоростные ограничения, несется мой муж. Он хочет сопроводить нас, быть рядом, пусть и не внутри машины скорой помощи, по правилам тут можно ехать только одному из родителей.

Остановились. Мы выходим из машины скорой, мне машет рукой Женя. Я вижу, что в его глазах блестят слезы. Он также был не готов к этому резкому повороту. И ему тоже страшно.

Я крепче обнимаю Платона, он неистово сосет пустышку и не спит. В приемном отделении у него берут кровь, у нас обоих еще берут необходимые по правилам инфекционной больницы анализы. Врач сообщает, что мне нужно давать ребенку по чайной ложке энтеросорбента каждые полчаса, потому что у малыша диарея. «Предположили кишечную инфекцию», — с трудом соображаю я.

Поднимаемся в палату, темно. Подсвечиваю дорогу к свободной кровати фонариком телефона. Слышно, как сопят обитатели этой больничной комнаты. Мамы и дети, все спят в своих кроватках и кроватях. Развожу в бутылочке лекарство и даю малышу. В два месяца он еще не умеет пить воду из ложки, поэтому ее содержимое разливается и катится по его щекам, попадает в ушки, пачкает одежду. Вытираю его салфетками. Снова даю пустышку. Не сразу, но он соглашается взять ее. Моя грудь неистово болит, последние дни сын не отпускал ее ни на минуту.

Рядом с большой металлической кроватью стоит маленькая детская, стараюсь максимально бесшумно придвинуть кровати друг к другу, чтобы с одной стороны получился надежный высокий бортик. Совершенно опустошенная и потерявшая физические силы кладу сына на большую кровать и осторожно ложусь рядом. Он уже не хочет держать во рту соску, беспокоится, начинает хныкать. Подвигаюсь ближе к нему, чтобы начать кормить и стать одним целым, соединиться, как в безмятежные дни беременности. В большом больничном окне виден подсвеченный градиент неба, от светло-серого снизу до иссиня-черного вверху. Светает. Как каменная статуя, засыпаю в постели с Платоном, он ни на мгновение не выпускает грудь. А я лежу не шевелясь.

Спустя пару часов уже раннее утро, слышу стук двери, шорохи и негромкие разговоры. Входит медсестра, пациенты и мамы просыпаются и начинают свой день. Смотрят на нас с ребенком с удивлением. Как и когда мы тут очутились?

Медсестра подходит ко мне и говорит, что возьмет кровь из пальца у ребенка. Понимаю, что это про Платона, и сообщаю, что ночью уже брали. Отвечает, что нужно взять снова, кажется, анализ не получился.

Вздыхаю. Смотрю на моего измученного малыша. Никогда раньше не видела его таким слабым. Он почти не реагирует на прикосновения. Несмотря на то что я осознаю причины этой слабости, я все же рада, что хоть немного смогла поспать за все эти дни. И мне стыдно за эту радость. И вновь появляется чувство вины.

Начиная с ночи, я каждые полчаса даю Платоше лекарство из чайной ложечки. Пою водой из бутылочки и держу малыша на груди. Он активно присасывается. Я рада этому. Хотя у него все та же слабость. Женщины интересуются нами. Спустя полчаса мы знаем, кто и с чем сюда попал. В этой палате дети и мамы с различными инфекционными недугами, в основном с кишечными расстройствами разной природы. Потом, когда в реанимации мне перечисляли многочисленные инфекции, которые были обнаружены у Платона, я вспоминала этот эпизод и думала, мог ли он чем-то заразиться в той палате.

Заходит молодая девушка в белом халате, приближается к нам. Она осматривает Платона, говорит пока продолжать принимать то, что уже назначено. Больше ничего. И быстро уходит озадаченная, по выражению ее лица я понимаю, что она не знает, что с ним, и пребывает в сомнениях и раздумьях. На ее лице растерянность и испуг.

День тянется, я продолжаю находиться в неведении. Малыш все также слаб и беспокоен, температура снова поднимается. Чтобы не колоть ребенка, мне разрешают дать жаропонижающее в суспензии, которое у меня с собой.

Оживленные беседы мамочек и детский смех контрастируют с моим туманным существованием. Задумываюсь и соединяю пазлы «повторный забор крови» и «растерянное выражение лица доктора». У меня какие-то невнятные размышления, от бессилия и недосыпа меня клонит в сон. Но я понимаю, они не знают, что с ним. И что теперь все нехорошо, совсем не так, как вчера сообщали один за другим доктора, которым я показывала своего сына. Мне становится еще более тревожно. Мне страшно. Но моя усталость сделала меня совершенно разбитой и размякшей.

Собираю оставшиеся силы и иду в ординаторскую. Мне нужно знать, что происходит. У меня на руках мой любимый и желанный сын, которого мне страшно оставить одного в палате. Я боюсь себе признаться, но догадываюсь, почему мне страшно упустить его из виду хоть на пару минут.

Доктор отрывается от экрана компьютера и кладет трубку телефона. По ее взгляду я вижу, что сейчас она скажет что-то совершенно ранее немыслимое для меня.

— У вашего ребенка очень плохие анализы. У него очень низкие показатели гемоглобина и тромбоцитов одновременно...

Мы даже взяли анализ повторно, чтобы убедиться, что это не ошибка... Ему срочно требуется переливание крови... в нашей больнице его нельзя сделать. Я сейчас ищу больницу, в которую вас возьмут. И мы вас отправим туда.

Совершенно ошеломленная, но из-за многих бессонных ночей и дней обессиленная, спрашиваю испуганно и одновременно устало:

— Что это значит, чем он болеет?

— Диагноз не так легко поставить, но мы подозреваем, что это острый лейкоз.

Я не знаю, что можно сказать в такой ситуации. Меня придавливает тяжелый груз этих слов, и я ничего не могу вымолвить. Покрепче обнимаю своего малыша и возвращаюсь в палату в абсолютном ужасе. Беру телефон и отправляю сообщение мужу, как будто на автомате. Мы оба до конца не понимаем, что значат эти слова. Но договариваемся, что другая больница это, наверное, лучше, ведь здесь Платоше даже кровь перелить не могут. И ужас от встречи имени нашего ребенка и переливания крови в одном предложении парализует.

Мы вдруг оказываемся в совершенно другом мире. Где не ждем, что сейчас малыш быстро поправится, и все станет как раньше, в этом мире царит страшная и пугающая болезнь под названием «лейкоз». Мы хотим выжить.

В ожидании переезда в другую больницу и с новой пугающей информацией время невыносимо медленно тянется. С ребенком на груди я листаю страницы интернет-сайтов, ищу, что значит «острый лейкоз» и что с этим делать. Читаю симптомы, варианты лейкозов. И все, что я нахожу, не радует меня. Там не написано, что это быстро проходит. Это онкология. «В раннем возрасте встречается крайне редко и наиболее вероятен летальный исход». Мои глаза не хотят это видеть, мозг тут же ищет противоположные аргументы и поясняет мне, что там не сказано, что умирают все, значит, шанс есть.

За нами приехала машина. Вещи собраны, мы одеты. В туманном состоянии с ребенком на руках выхожу на воздух. Смотрю на все, как будто со стороны. Мозг не успевает усваивать происходящее и продолжает переваривать статьи, которые я прочитала.

Из инфекционной больницы нас везли на «перевозке». Так назвал этот автомобиль сопровождающий фельдшер. Внешне от скорой помощи не отличается, но не имеет права включать сирену и мигалки. Но, похоже, состояние моего ребенка не считается критическим, поэтому нам заказали такой способ транспортировки. И скорая была ни к чему.

Тем временем малыш бледный, как простынь, и слабый, как никогда.

Какие только ужасные мысли не приходили мне в голову. Очень страшно. Я смотрю на своего малыша, он утомился и уснул. Хорошо, что спит, но плохо, что у него такая сильная слабость. Наклоняюсь к его лицу и слушаю дыхание. Я тоже очень устала и хотела бы сбежать с ним туда, где он здоров, где мы вместе и нет никаких болезней и скорых. И там бы мне хотелось хорошенько выспаться — от переутомления я стала совсем заторможенной.

Мы выехали в сторону центра Москвы, в многопрофильную детскую больницу с отделением гематологии, реанимацией и инфекционными боксами. После шести часов вечера, в будний день, в час пик. Вопрос о переводе Платона решался с раннего утра и до самого вечера, хотя ему требовалось срочное переливание крови. Но эти нестыковки пока еще не дошли до меня, только спустя время я анализировала то, что происходило.

Мы ехали через центр города, вероятно, чтобы минимизировать пробки, но это было невыполнимо. Фактически мы почти и не ехали, скорее всего, пешком этот путь можно было пройти за то же время.

Платон, обессиленный, спал у меня на руках, он был одет в теплую зимнюю одежду, и чтобы ему было не жарко в машине, я расстегнула застежки на конверте и комбинезоне и немного распахнула его. Совершенно потерянная и подавленная смотрела в окно, крепко прижимая к себе любимого малыша. Кажется, я застряла между мыслями и реальностью и где-то из середины смотрела на происходящее. Растерянная, испуганная и абсолютно опустошенная.

Эта поездка врезалась в мою память, и ее не стереть. Мы медленно двигались мимо самых узнаваемых мест столицы, даже проехали восхитительный ресторан, в котором всего чуть больше года назад отмечали день нашей свадьбы, и тогда нам казалось, что счастье будет вечным. А гости желали нам скорее родить малыша. Сейчас же я смотрела на высокие арочные окна ресторана из своей новой реальности, в которой думала только о том, чтобы моему мальчику стало лучше.

И даже когда Платон начал плакать, а потом уже громко кричать, смотря в одну точку, а я разрываться от тревоги, мигалки не включились. Фельдшер, которая нас сопровождала, спросила, не беспокоит ли его животик. Но я знала, что он обычно так не кричит. Тут что-то другое. Я просила включить сирену и ехать быстрее. Но мне ответили, что это не положено, и мы поехали дальше без специальных сигналов. Сначала я требовала и ругалась, параллельно пытаясь хоть как-то помочь крохе. Дула на него, предлагала соску, а потом прижала его к себе и плакала от безысходности, даже не пытаясь вытирать слезы. Они катились по щекам, падали на его зимний комбинезон и скатывались на пол.

Второй эпизод с той же фиксацией взгляда случился на подъезде к больнице. В окно я видела корпус отделения, в которое нас привезли. И снова никто не обратил внимания, а я еще не знала, что так выглядят судороги у младенца.

Затем нас оформляли в инфекционный бокс. Время тянулось, и вот, наконец, мы вошли в комнату, я поставила пакет с вещами на пол, положила Платона на пеленальный столик, чтобы наконец-то снять теплую одежду, и посмотрела по сторонам.

Это была галерея комнат со стеклянными стенами. Зайдя в первую, можно разглядеть, что происходит в последней. Пациенты и ухаживающие родители находятся внутри, как в аквариумах с двумя прозрачными стенками. И под постоянным наблюдением. Действительно, интересная задумка, хорошо видно, кто и как себя чувствует. Я надеялась и верила, что здесь наконец-то нам помогут.

После заселения в палату к нам зашла врач-гематолог, взглянула на Платошу, он очень беспокоился. Я полностью его раздела, доктор осмотрела малыша, из-за ничтожного количества тромбоцитов она искала синяки или петехии[1]. При таком малом показателе это очень частое явление. Но у моего малыша не было ни одного синячка. Они были только на подушечках пальчиков, из которых брали кровь.

После осмотра врач ушла, и мы остались вдвоем. Я думала, что сейчас мы немного освоимся, начнется лечение и жизнь наладится.

Принесли прозрачный медицинский пакет с тромбоцитами, медсестра поставила катетер в крошечную Платошину ручку, к катетеру подсоединили капельную систему для переливания. И донорские тромбоциты начали поступать в кровь моего ребенка.

Платон плакал и беспокоился. Я все время держала его на руках, он неистово сосал то пустышку, то грудь.

И тут снова такой же приступ, как в машине. Истошный крик, взгляд в одну точку.

С ребенком на руках, подключенным к системе, вместе со стойкой, к которой все это крепилось, я бросилась к двери. Открыла и против всех правил закричала в коридор с ужасом в глазах:

— Помогите! Моему ребенку плохо!

Медсестра подошла к нам.

— Может, у него животик болит? — невозмутимо произнесла она.

— Это точно не животик! Позовите врача! Пожалуйста!

Спустя пару минут в палату вбежали две девушки в синих куртках. По всей видимости, врачи. Платон продолжал кричать и смотреть в одну точку.Все это время после осмотра мой малыш был одет только в памперс, я держала его на руках завернутого в наш плед со звездочками и сонными золотыми мишками в колпаках. Потому что в палатс жарко, а у него была повышенная температура, к тому же он постоянно плакал, и я решила не мучить его одеванием, а прежде успокоить на руках и после капельницы переодеть.

---

[1] Мелкие подкожные кровоизлияния в виде сыпи.

Как только врачи увидели Платона, они набросили поверх пледа толстое одеяло с кровати, схватили его в охапку и убежали прочь.

В воздухе повисла страшная гнетущая тишина.

В растерянности я села на кровать и зарыдала. Что делать? Куда его унесли? Что с ним? Можно ли мне туда? Или я должна ждать здесь? Меня разрывали эти мысли. Мне хотелось быть с ним рядом, все произошло очень быстро, было страшно подпустить к себе мысль о том, где он.

Не прошло и пяти минут, в палату вошла женщина. Сотрудница больницы.

— У нас в отделении только с детьми можно находиться. Вам тут нельзя оставаться.

На улице была зимняя ночь. Морозно, но совсем бесснежно.

Все наши с Платоном вещи, бутылочки, памперсы, детскую одежду, я быстро собрала в пакет и вынесла из палаты, поставила возле входной двери и вышла на улицу.

Темно и только слабый фонарь освещает территорию больницы.

Мне нужно найти малыша.

Я шла куда-то вперед. У редких встречных людей спрашивала, где найти реанимацию.

Мимо зданий, лабиринтами улочек, я пришла к новому корпусу, в котором находилось отделение интенсивной терапии.

ГЛАВА 6. ТОЧКА НЕВОЗВРАТА

Вся ночь у двери реанимации. Через некоторое время приехали муж со свекром. Спрашивали. Говорили. Волновались. А я так и продолжала сидеть под дверью и каждый раз вздрагивать и сжиматься, когда она открывалась. Но глубоко внутри, где поселились страх и тревожность, я чувствовала — он рядом. За несколькими стенами и палатами. Я чувствую — он со мной.

Разум же рассуждал логично. Ночь не вечна, время идет, и это хорошо. Время течет. Мне ничего не сообщают, проходят мимо. Значит, Платоша жив.

Время тянется. Оно вообще будто остановилось. Успевает пройти поток самых разных мыслей, и проявляются целым спектром все страхи. Жуткие картины посещают мою голову, как могу отгоняю их, пытаюсь вспомнить хорошее, нарисовать счастливое будущее, где мы играем в песочнице, где сын обнимает меня или впервые едет на велосипеде...

Под утро, около шести часов, вышел реаниматолог. Снова открылась дверь. Я вздрогнула и почувствовала, что фигура не проходит мимо. Кто-то остановился и посмотрел на меня. Я оцепенела.

Подняла глаза, передо мной стоял уставший мужчина с усами и добрым лицом, в зеленом хирургическом костюме, только по уставшим глазам и выражению лица я поняла, Платоша жив, но предстоит сложный разговор.

И разговор был.

— Понимаете, ребенку два месяца... была полная реанимация с остановкой сердца и фибрилляцией... он сам не дышит, подключен к аппарату искусственной вентиляции легких. Много раз мы брали у него анализ крови на насыщение кислородом. Только сейчас пришел более приемлемый результат. Все системы органов нарушены. Похоже, что пройдена «точка невозврата». Вам лучше всего осознать, что это неизбежно. И это вопрос нескольких дней.

Какие тяжелые слова. Они о моем сыне. О моей крохе, которого я еще несколько часов назад держала на руках и прижимала к груди. Теперь он недоступен мне. Он там, за огромной серой дверью.

Но мой мозг хотел выхватить из этих фраз важную для себя информацию о том, что Платон жив. Жив, а значит, его можно вылечить. Нельзя сдаваться, нельзя смириться с неизбежностью. Чудеса случаются. Мы будем верить.

Нас отправили домой немного отдохнуть. Возможно, когда мы вернемся, будут какие-то новости.

Мои ноги не могли сделать ни шагу в сторону выхода. Мы приехали сюда вместе. Я всю ночь провела в коридоре больницы возле отделения реанимации. Я не хочу никуда уходить без него.

Муж удивленно посмотрел на меня и укоризненно сказал: «Пойдем, ну что ты».

А мне так хотелось сказать: «Давай будем тут дежурить по очереди, вдруг что-то изменится, я не могу уйти...»

Он взял меня под локоть, и я подчинилась. Я ушла и оставила своего малыша одного.

Мы снова поехали к родителям Жени. Там попытались поспать. И вот только тогда я почувствовала, что не могу пошевелить руками, не могу лечь набок. У меня катастрофически болит грудь. Как огромный синяк. До нее невозможно дотронуться.

В ней скопилось молоко, предназначенное Платону. Молоко, объем которого я так старательно увеличивала разными способами, чтобы хватало для кормлений. Это был лактостаз. Мне совершенно некогда было заниматься этим, я хотела немного восстановить силы и снова вернуться в больницу. Но со слезами от физической и моральной боли, от горя, что мой сыночек сейчас в реанимации, что все так страшно и серьезно, я сцеживала молоко, прикладывала компресс из мокрого полотенца, чтобы стало хоть немного легче, хотя бы моему телу.

***

Снова приехали в реанимацию. Жду хороших новостей, мечтаю услышать, что малыш поправляется, что поставлен диагноз. Что хоть какая-то малость порадует нас.

Меня приглашают в кабинет заведующей. Я напрягаюсь, хмурю лицо и цепенею.

— Не волнуйтесь, малыш сейчас у нас. Состояние прежнее. — По моему взгляду она понимает, что нужно это сказать.

Мне становится чуть легче дышать. Меня просто пригласили в кабинет заведующей реанимацией. Выдыхаю. На разговор.

Сначала заведующая перечисляет все инфекции, которые нашли у моего малыша, потом говорит, что по результатам костномозговой пункции не найдены бласты[2].

— Что вам вводили по скорой еще дома?

— Не знаю, я не посмотрела, температура не снижалась, Платон очень плохо себя чувствовал, плакал, кричал. Ему сделали укол... Мы же сфотографировали ампулу! Вот.

На фотографии ампула, на ней написано «Преднизолон, 30 мг/мл, 1 мл».

— Ну вот, я так и говорила. У вашего ребенка нет бластов в костном мозге.

— Что?

— У него по всем признакам острый лейкоз, но нет ни одного бласта, потому что вам вводили гормоны. Но столько инфекций у одного ребенка я не припомню. У него и сепсис, и менингит, и энцефалит. Сепсис, вызванный синегнойной палочкой. Где вы вообще с ним были, мама? Под каким забором?

Я в недоумении. Слезы стоят в глазах, текут по щекам, я не успеваю осознавать весь поток новой информации. Но понимаю главное — мой ребенок очень тяжело болен. В этом виновата я. Меня очень обидели слова «под забором». Как врач может говорить такое?

— Возможно, у него множественные внутриутробные инфекции. Завтра будем собирать консилиум. Вы понимаете, ваш ребенок у нас САМЫЙ тяжелый пациент на сегодняшний день.

— Но ведь я вела беременность в женской консультации, сдавала все анализы, могу представить документы, — что-то робко попыталась вставить я.

---

[2] Бласты — одна из нормальных стадий здоровой клетки, в норме клеток в этой стадии можно обнаружить до 5 процентов в костном мозге. В периферической крови их нет. Злокачественные клетки дальше этой стадии не развиваются, в связи с этим наблюдается дефицит зрелых клеток крови, бластных клеток при этом становится больше.

В роддоме он был совершенно здоров, мы выписались на третьи сутки, был патронаж, и прививки мы ставили. Ни разу не возникало подозрений на проблемы со здоровьем. До этой простуды...

Я вышла из кабинета с основной мыслью: «Мой ребенок у них самый тяжелый пациент. И в этом моя вина».

В такой ситуации, когда мама испугана и растеряна, кто угодно может еще больше усилить и без того тяжелое чувство вины. Спустя годы я вспоминаю этот разговор и думаю, неужели у врача, у заведующей реанимацией, не было даже догадок, что с таким количеством инфекций ребенок не под забором жил, а, вероятнее всего, родился с нарушением иммунитета. Здоровый организм, с нормальным иммунитетом, противостоял бы болезням и не пропустил бы их внутрь, даже под тем самым забором.

Переложить вину на родителей очень удобно, когда некоторые врачи не знают диагноза, когда сами испуганы тем, что пациент не попадает под стандарты. Им нужно объяснить происходящее. Тем более, когда родители сгибаются от чувства вины, им и в голову не придет перечить доктору, отстаивать свои права или сомневаться в верности лечения. Чувство вины используют манипуляторы, чтобы заставить жертву делать так, как удобно им. Я прошла через это и спустя много лет советую родителям смотреть на ситуацию объективно.

**

Каждый день я навещала сына, со временем знала всех врачей и часы приема заведующей. Каждый день волновалась и беспокоилась: как он сегодня, есть ли улучшения, когда будет поставлен диагноз. За дверью всегда страшно, но стоит зайти к Платоше, увидеть, что он борется и старается держаться, становится чуть спокойнее.

Как-то вечером я вернулась из больницы, насилу поела и фоном включила телевизор, чтобы заглушить беспокойство внутри. Женя пришел с работы, я сидела с ним рядом, пока он ужинал, и изо всех сил старалась думать о чем-нибудь другом, а не о том, как мне страшно. Нас сопровождала гнетущая тишина, мы совсем редко разговаривали, чаще смотрели в экран, сидя на одном диване.

Я никак не могла себя успокоить, внутренняя тревога все нарастала, руки тряслись, живот сжимался, грудь будто зажало в тисках и казалось, что становится нечем дышать. Места себе не находила. Минута на кухонном стуле, мгновение на диване в гостиной, снова на кухню и так по кругу. Когда я наконец пошла в постель, то никак не получалось лечь удобно, Женя заметил, как я извожусь и предложил выпить валерьянки. Обычно я не принимала никаких успокоительных, но этот вечер был каким-то не таким, как предыдущие. Решила, что вылью молоко, которое сцежу, потому что мне очень важно сейчас успокоиться и уснуть.

После этого снова попыталась уснуть. Отвратительное чувство, когда нужно спать, можно, да еще и хочется, но уснуть никак не выходит. Глаза закрыты, тепло, мягко, темно. Но сон не идет. А волноваться я все также продолжала, только в мышцах тревогу уже не ощущала. Изо всех сил стараюсь спать, меньше ворочаться, чтобы не разбудить мужа, но совершенно не засыпаю.

Встаю попить воды, выпиваю еще немного успокоительного настоя. Возвращаюсь. В какой-то момент, обессилевшая, будто проваливаюсь в сон, но тут же от дикой боли вздрагиваю и открываю глаза. Не понимаю, что происходит. Очень темно. Кажется боль где-то в руке, в плече, не понимаю, почему так болит и что делать, беззвучно кричу. Ощущения в левом плечевом суставе. Судя по всему, плечевая кость вышла из суставной сумки. Как это случилось во сне? Я думала это травма спортсмена, и она встречается при активных действиях. Берусь правой рукой за левое плечо и стараюсь сесть на кровати и попросить о помощи. Но пока я двигаюсь в своих неуклюжих попытках, каким-то образом вправляю себе левую руку и чувствую, что кость теперь в суставе. Но это место продолжает болеть и ныть.

Тут же снова возвращаются волнение и тревога за Платона, что с ним? Они нарастают с такой силой, что я будто слышу их, они гудят как пчелиный рой внутри меня. Я лежу и смотрю в темноту, жду, что скоро настанет рассвет и тогда я смогу поехать к моему малышу. Я увижу, что с ним все хорошо и успокоюсь. Мне невыносимо страшно.

Когда в комнате начинают прорисовываться очертания мебели и становятся видны стрелки часов, во мне вдруг воцаряется спокойствие.

Собираюсь в реанимацию раньше обычного, подожду, когда разрешат войти. Удивительно, но я спокойна. Только ноет левая рука в плече.

Снова нечто неординарное, доктор приглашает меня к Платону, впускает в отделение одну из первых. Обычно я долго жду своей очереди, порядок которой никому не известен.

Облачаюсь в стерильную одежду, бахилы, маску и обрабатываю руки. Мой любимый спит, все параметры на мониторах такие, к каким я привыкла. Стабильно. Даже это радует.

Пока я глажу ручку моего крохи и тихонько пою ему, склонившись к ушку, заглядывает медсестра и сообщает, что меня ждет заведующая.

Мне совсем не хочется оставлять малыша, но я очень надеюсь, что скажут что-то новое о лечении, возможно, поставлен диагноз.

Вхожу в кабинет, несмотря на то, что здесь меня обвиняли в плохом уходе за сыном и в том, что это я довела его до такого состояния, заведующая в этот раз здоровается со мной как-то иначе.

— Вы знаете, этой ночью вашего сына с трудом спасли. Была полная реанимация, с дефибрилляцией... был острый респираторный дистресс-синдром, это когда легкие полностью слипаются и воздух не может в них попасть. У нас современнейшие аппараты искусственной вентиляции легких, они способны «раздышать», но нужны точные настройки, мало кто знает, какие они. Мы с таким второй раз столкнулись. Мы со Склифом[3] связывались, нас консультировали. Вы бы слышали, что творилось в палате ночью. Стоял такой гул, передать не могу, все было другое, как во сне, казалось, будто мы вырываем его из рук самой Смерти... Он вечером начал ухудшаться... и только к утру стабилизировали.

Я не знаю, что на это ответить, теперь мне вдруг стало ясно, почему накрыла эта патологическая тревога, у меня бегут мурашки по телу, слезы затекают под маску, катятся по щекам, я шмыгаю носом и вытираю глаза манжетой стерильного халата. Неужели, и правда, у меня с Платоном вот такая глубокая связь? Если это не связь душ, что тогда?

<hr />

[3] НИИ скорой помощи им. Н. В. Склифосовского

ГЛАВА 7. СБОРЫ МОЛОКА

Платона кормили смесью через зонд. Несмотря на назначенное внутривенное питание, очень важно, чтобы в желудочно-кишечный тракт попадала пища, чтобы он работал, иначе будут необратимые последствия, даже после выздоровления организм не сможет усваивать необходимые вещества из пищи.

Однажды я спросила у доктора, можно ли кормить сцеженным грудным молоком. Ведь это полезнее. Он нахмурился. Это был тот самый реаниматолог, который спасал моего малыша при поступлении. Это он сообщил мне о «точке невозврата».

— Можно попробовать, приносите, — будто даже с некоторым энтузиазмом ответил хмурый доктор

— Спасибо, обязательно привезу.

Но оказалось, что сначала нужно сдать молоко на анализ и не все врачи придерживаются того же мнения. Доктор на следующий день был уже другой, у них сменный график работы.

Грудное молоко необходимо было сдать на бактериальный анализ, чтобы подтвердить, что в нем не содержатся болезнетворные микроорганизмы. К сожалению, тогда я не знала, что в мировом медицинском сообществе приняты другие стандарты, а в нашем здравоохранении используются устаревшие нормы.

Мне выдали две стерильные пробирки и проинструктировали, как правильно собрать в них молоко. Из левой груди нужно было сцедить в одну пробирку, из правой — во вторую. Принести в лабораторию не позднее трех часов с момента сбора. Мне не терпелось получить результат как можно скорее. Ведь я была уверена, что здорова и, конечно, могу кормить своего сына. Но возник вопрос, как и где сцедить молоко в условиях больницы.

Напротив отделения реанимации расположено детское отделение, где с детьми находятся мамы. Я обратилась к медсестре этого отделения с просьбой позволить мне для анализа сцедить молоко в каком-то свободном помещении, поскольку в коридоре это сделать невозможно. Может, есть специальная процедурная комната или фильтр-бокс.

Медсестра посмотрела с неприязнью и ответила, что в их отделении мамы находятся только со своими детьми и, значит, мне здесь быть не положено. С надеждой я уточнила, что может в больнице есть какое-то подходящее место. Женщина отрицательно помотала головой и закрыла передо мной дверь отделения.

Было унизительно и обидно. И снова стало понятно, что никому не интересны чужие проблемы.

В итоге молоко я собирала в кабинке общественного туалета. Он определенно не отличался стерильностью. Спустя несколько дней пришли результаты анализа. В пробах молока был найден кожный стафилококк. Удивительно, что только он.

Заведующая реанимацией сказала мне, что найденный микроорганизм является абсолютным противопоказанием к кормлению ребенка грудным молоком. Но мировой научный опыт говорит иное. Кожный стафилококк не может принести вред малышу, потому что это нормальный обитатель кожи здорового человека. Есть такое понятие «микробиом», которое изучают во всем мире и доказывают, что грудное молоко полезно и важно для ребенка. Потому что это не только пища, но и лекарство. Как раз из-за содержания микроорганизмов и их фрагментов. Но по результатам анализа мне официально не позволили кормить.

Я подстраивалась под каждого доктора. Некоторые все же снисходительно разрешали приносить молоко. Другие отказывали, и тогда я спрашивала, могу ли хотя бы поучаствовать в процессе кормления смесью. Это позволяло проводить с малышом чуть больше времени.

Почти все разрешали помогать в кормлении. Иногда кормила своим молоком, тогда появлялась особая радость и даже гордость, ведь я верила, что мамино молоко намного важнее для малыша и больше, чем просто питание. Я чувствовала себя необходимой. Иногда кормила смесью, которую тоже научилась разводить по инструкции, и тогда для меня было значимо, что кормлю именно я, а не чужой человек, хотя и жаль, что сегодняшний доктор против материнского молока. Но в любом случае для меня было важно, что я пригодилась своему крохе, что могу ухаживать за ним.

Кормление происходило таким образом — нужно было набирать питание в шприц и вводить через мягкую трубочку зонда. Главное — делать это очень медленно, чтобы оно успевало постепенно распределяться в желудке.

Это было маленькой радостью, которая вдруг появилась в бесцветном мире.

Дома я подолгу сцеживала молоко, монотонное жужжание молокоотсоса превращалось в ушах в музыку или какие-нибудь повторяющиеся слова как заезженная пластинка. Огорчало, что с каждым разом удавалось собрать немного меньше. Ведь днем я сцеживала молоко, как придется, в туалете больницы, только для облегчения, иначе боль и чувство разрывающейся груди не давали двигаться. Я проводила там почти весь свой день. К сожалению, бесценную жидкость выливала в раковину, потому что не было никаких нормальных условий для его безопасного сбора и хранения. Но пришлось сцеживаться в такой обстановке, иначе мог развиться лактостаз[4].

Домашнее молоко замораживала и свято верила, что все вернется на круги своя и станет как раньше. Представляла, как буду держать своего малыша на руках и он будет мирно сопеть во время кормления. И мне не захочется никуда торопиться, а только смотреть на него и наслаждаться. Дышать им. Моим сладко пахнущим мальчишкой.

***

Огромный пакет замороженного молока. Каждая порция в отдельном пакетике с датой и комментариями о съеденной накануне необычной пище вроде борща или рыбы. Этот объем занимал три полки морозильной камеры.

Его съест недоношенный малыш. Он уже выписан домой, но мама до сих пор лежит в больнице, и у нее нет возможности кормить. Она в тяжелом состоянии и у нее даже нет молока.

---

4   Болезненный застой молока в протоках молочных желез.

ВОЗ рекомендует исключительно грудное вскармливание младенцев до шести месяцев. В случае, когда мама не может давать собственное, рекомендовано донорское грудное молоко. И только если и это невозможно, необходимо кормить младенца адаптированной молочной смесью. Даже немногие врачи придерживаются этих научных рекомендаций.

О том, кому пригодится мое «белое золото», я узнала после размещения объявления «отдам замороженное грудное молоко, собранное с любовью для сына» на одном ресурсе с консультациями о грудном вскармливании. На объявление ответил папа, он спросил адрес и уточнил, здорова ли я, могу ли предоставить справки.

Честно, такие вопросы меня обижали. Но понимая этого осторожного и испуганного человека, я ответила, что, конечно, готова показать все, что у меня есть, что вела беременность в женской консультации, сдавала множество анализов и имею документальные подтверждения собственного состояния здоровья и того, что у меня отсутствуют какие-либо заболевания. После родов у меня осталась подробная выписка из роддома.

Также я написала, что сохраняла лактацию и замораживала молоко для своего сына, который был в реанимации, поэтому делала это очень внимательно и полностью уверена в каждой порции. Но теперь мне больше не нужно это молоко. И не нужна лактация. Мне больше некого кормить, потому что его нет.

Мужчина приехал на следующий день. Позвонил, уточнил подъезд и этаж. Поднялся, я открыла дверь.

— Здравствуйте, — спешно говорит гость.

— Здравствуйте, вот молоко. — Ставлю упакованные в пакет порции замороженного молока перед ним и пытаюсь сдержать слезы.

— Ого! Большой пакет. — Моментально резюмирует мужчина

— Да. Пожалуйста.

— А мы могли бы продолжить сотрудничество? — как бы между прочим спрашивает гость.

Меня ранил этот неуместный деловой вопрос. Ведь я безвозмездно отдаю свое грудное молоко недоношенному малышу. Я рада, что оно принесет пользу. Но я надеялась, что оно понадобится моему сыну. Я надеялась на жизнь. Но надежды разбиты. Сейчас я, как никогда, уязвима, меня так легко ранить еще больше. И такой бестактный вопрос снова толкнул меня в темноту и боль.

— Нет, простите. Всего доброго, — закрывая дверь, сквозь зубы, едва сдерживая слезы, отрезаю я.

Он уехал. Возможно, это растерянный отец, оказавшийся в один миг человеком, который навещает жену, беспокоится о ее жизни, надеется на ее выздоровление. Вместе с тем заботится о малышке, родившейся раньше срока. Ищет для нее грудное молоко, потому что верит в научные данные, и в то, что для ребенка оно ценнее смеси. Наверняка он даже и не подумал, что у кого-то в мире может быть горе больше его собственного, больше его неожиданно появившихся сложностей. Он просто невнимательно прочитал мое сообщение.

ГЛАВА 8. КРЕСТИНЫ В РЕАНИМАЦИИ

Однажды я поняла, что мой ребенок некрещеный. Мы думали об этом, когда он родился, обсуждали, но до двух месяцев считали его еще слишком маленьким, чтобы окунать в купель в холодное время года. Наступала зима, и только из практических соображений мы планировали крестины на лето. Но в два с половиной месяца Платон заболел. На фоне всего происходящего мыслей о крещении даже не появлялось. И вдруг вопрос его принадлежности к вере стал очень важным для меня.

Я спросила у реаниматолога, можно ли покрестить ребенка в реанимации. Удивительно, но оказывается, крещение в условиях отделения интенсивной терапии разрешено, мне показалось это весьма гуманным и цивилизованным.

Теперь мне предстояло найти священника, который согласится прийти в такое особенное место. Недалеко от больницы было несколько храмов, все-таки центр Москвы. Мы с Женей зашли в один из них, не догадываясь о том, что еще не раз побываем тут в будущем.

Вошли внутрь уютного храма семнадцатого века, с удивительно приятной торжественно-родной атмосферой внутри. В церковной лавке озвучили свой запрос.

— Мы ищем священника, который согласится крестить нашего ребенка в реанимации.

— Есть у нас один, он сможет, другие точно не согласятся, — сообщила женщина, расставляя православную литературу на полках.

— А как его найти? Чтобы точно узнать и договориться о крестинах. Мы бы хотели как можно скорее, — неумело скрывая волнение, говорю я.

Нам дают номер телефона, и я набираю его сразу, как выхожу на улицу.

Отец Александр отвечает тихим, спокойным и приятным голосом. Он соглашается провести обряд крещения. Уточняет возраст малыша и больницу, в которой находится наш сын. Мы договариваемся на послезавтра. И я кладу трубку с чувством некоторого облегчения. Будто я успела сделать что-то важное. И это точно случится, поэтому мне становится немного спокойнее. Но тревога за Платона все равно ни на мгновение не покидает меня.

Послезавтра наступает, и в назначенное время я встречаю у входа в корпус, где находится реанимация, нашего священника. Вдвоем поднимаемся на второй этаж. Я уже предупредила дежурного реаниматолога, ведь как обычно провела здесь весь день. Нас впускают. Надеваю одноразовый халат, шапочку, маску и бахилы. Обрабатываю руки антисептиком. Отец Александр облачается в церковную одежду, но, кроме нее, надевает все то же самое, что и я. По его движениям я понимаю, что ему не в первый раз приходится посещать реанимацию. Проносятся мысли о количестве крещенных им детей и их судьбах, но, не задерживаясь в моей голове, улетучиваются. Вспоминаю, что нужно сообщить ему имена крестных родителей. Спрашиваю, когда это сделать. Он отвечает, что это необязательно. Мы идем по узкому длинному коридору. И я вдруг зачем-то произношу:

— А можете Вы быть крестным отцом моего сына?

Долгая пауза, затем он отвечает:

— Да, пожалуй, — и смотрит на меня. Он видит в моих глазах отчаяние и надежду одновременно. Он видит в них крик о помощи. Он соглашается.

Мы входим в стеклянную палату, где находится Платон. Я смотрю на своего кроху в проводах и трубках. Смотрю на монитор, на который выводятся данные работы аппарата ИВЛ, смотрю на сердечный монитор и давление. Все показатели стабильны. Каждый раз я гляжу на них и жду, что они станут стабильно лучше и он поправится. Но когда они хотя бы стабильны и держатся, это для меня уже хорошо.

Тем временем отец Александр читает молитвы, совершает важный и по-своему красивый обряд и посвящает моего малыша в таинство церкви.

Это мой первый и желанный ребенок. Его крестины я представляла совершенно иначе. Должно было быть лето, гости и праздник. У него была бы красивая крестильная рубашечка. Его держал бы на руках крестный, а мой пухлый и счастливый Платоша всем бы улыбался.

Но сейчас зима, на улице уже темно и очень холодно, в реанимационной палате мы втроем. Я, мой сын и святой отец.

Друзья и близкие часто спрашивали, крещен ли Платоша, когда хотели поддержать. Рассказывали о святынях и чудотворных иконах в храмах и монастырях. И мне хотелось во все это верить, хотелось бежать туда и прикладываться ко всем мощам и иконам, молиться и просить. Но каждый день я ходила к своему сыну в реанимацию и ждала, пустят ли меня сегодня, чтобы его навестить. Уехать куда-то — это значит упустить возможность увидеть малыша и прикоснуться к его маленькой ручке в этот день. И учитывая то, где он находится, каждый визит может быть последним.

В один из дней, навестив утром Платошу, мы решили все-таки поехать в Углич. Там в Успенском храме Алексеевского монастыря находится чудотворная икона «Неугасимая свеча», которая исцеляет тяжелобольных. И это многократно засвидетельствовано разными источниками. Естественно, хотелось использовать любой шанс на спасение.

Мы добрались до монастыря, вошли в храм. Старинный, крошечный и непривычный. Проем в стене для прохода в основную часть очень невысокий, поэтому приходится низко наклоняться. Вероятно, зодчие планировали это, чтобы каждый входящий глубоко поклонился святыне.

Как умела, молилась о здоровье сына у чудотворной иконы «Вратарницы», на ней изображена Богоматерь в темных одеждах с четками и свечой в руках. Конечно, я хотела и просила только одного, чтобы мой ребенок был жив и чтобы он выздоровел. О других сценариях я даже не хотела думать. Вытирая слезы, вспоминала о наших счастливых и беззаботных, по сравнению с сегодняшними, днях. Два месяца мы были друг у друга, и все обязательно должно стать как прежде.

Мое внимание привлекла еще одна икона. Я подошла к ней,

закрыла глаза и подумала о Платоне, о его жизни и о том, как сильно его люблю. Вдруг меня ослепила вспышка. Мои глаза были закрыты, но я почувствовала даже с закрытыми веками, будто кто-то сделал снимок камерой с мощной фотовспышкой. Открыла глаза, но все было так же, как и мгновение назад. Прихожане ставили свечи, крестились и негромко молились. Мой муж стоял недалеко и смотрел на икону «Вратарницы». И никакого фотографа или фотооборудования не было. Не знаю, что это было. И был ли в этом какой-то знак или сигнал. Но эта вспышка очень явно отпечаталась в моей памяти.

Было еще несколько попыток поиска защиты у Бога. Мне хотелось схватиться хоть за какую-то соломинку. Что я могла сделать кроме этого? Мой малыш все еще был без лечения, потому что не было точного диагноза. Ему давали только посимптомную терапию. Чтобы хоть как-то поддерживать жизнь.

Помню, как еще в одном храме я подошла к послушнице с вопросом, куда можно поставить свечу не просто о здравии, а об исцелении, и она спросила в ответ:

— А что у вас случилось?

— Мой двухмесячный ребенок в тяжелом состоянии в реанимации, — сквозь слезы проговорила я

— Ну ничего, зато у вас ангелочек будет, — ответила мне женщина в черных одеждах спокойным тоном и удалилась.

Внутри забурлил вулкан негодования, готовый выплеснуть наружу раскаленную лаву в виде громких и гневных криков. Как можно спокойно выдать такую фразу несчастной матери, надеющейся на выздоровление младенца?! Состраданием и эмпатией тут даже не пахло.

Я поджала губы, нахмурилась и ушла.

ГЛАВА 9. ДИАГНОЗ ЕСТЬ

Время шло, Платону не становилось лучше. Скорее даже наоборот. Над его кроваткой значился предполагаемый диагноз со знаком вопроса «острый лейкоз?». Именно со знаком вопроса, потому что даже это единственное предположение было под сомнением.

Но в поддержку этого диагноза почти ничего не было, кроме цитопении, это значит, что в анализе крови показатели количества основных кровяных клеток, тромбоцитов, эритроцитов (их количество и качество отражает показатель гемоглобин) намного ниже нормы. Настолько ниже, что требовались почти ежедневные переливания этих компонентов. Самой редкой, четвертой группы.

Из внешних симптомов у Платона еще до того, как мы попали в больницу, было длительное и упорное повышение температуры, лихорадка, которая не поддавалась лечению антибиотиками, а температура почти не снижалась при использовании обычных жаропонижающих препаратов. Несколько раз, еще дома, его вырвало, стал более частым и без того частый стул (у малышей первых месяцев жизни стул может быть после каждого кормления). Также заметно увеличился животик, я узнала, что это произошло из-за увеличения внутренних органов, печени и селезенки. Когда я искала информацию о возможных причинах такого состояния органов, ничего обнадеживающего не находила. Причиной может быть заболевание крови, лейкоз, тяжелые инфекции. Из всего этого списка не знаешь, что выбрать, чтобы надеяться на быстрое выздоровление. В больнице ни один симптом не прошел, только усугубился. Малыш круглосуточно получал жаропонижающие препараты, и чаще всего температура тела даже с ними была выше 37,5 градуса.

***

В этот зимний день я, как обычно, ехала навестить своего малыша в реанимацию. И не знала, пустят меня сегодня или нет, просижу целый день у неприступной двери с разрывающейся от молока грудью, или мне позволят войти и побыть рядом с любимым сыном.

Но провести день как-то иначе я не хотела. Мне было очень важно находиться рядом.

Как всегда с собой я брала механический молокоотсос, потому что старалась сохранить лактацию, не принимала никаких медикаментов, даже успокоительных, чтобы они не попали в молоко, и ела только полезную еду. Дома по утрам и вечерам я собирала драгоценное детское питание, подписывала каждый пакет датой сбора и, если съела что-то необычное, тоже записывала. Вдруг когда-то на это молоко у малыша будет реакция, мы сможем узнать, в чем причина. Далее пакет отправлялся в морозильную камеру. В этой стабильности был смысл, и он помогал держаться.

Так вот, в этот день я ехала обычным маршрутом. На пригородной электричке до Москвы, затем спустилась в метро, вошла в вагон. Села и устремила вперед почти потухший взгляд. О какой-то бодрости, радости или хорошем настроении даже и речи не было.

И тут в вагон входит женщина с фотографией малыша, на вид не старше трех месяцев. Держит в руках какие-то заламинированные документы, чтобы они не потерлись в процессе показа. А по всему ее облику ясно, что показ происходит очень часто. В каждом вагоне поезда, в течение каждого дня.

— Помогите на лечение ребенка. В тяжелом состоянии лежит в больнице, умирает, спасти нас можете только вы, — профессионально стонет и причитает эта женщина.

На фотографию малыша наклеена полоска бумаги с текстом, напечатанным жирными буквами и крупным шрифтом. Чтобы точно каждый смог прочесть: «Острый лейкоз».

Можете представить себе, какая буря эмоций поднялась во мне? Я была просто в бешенстве. Мне хотелось вскочить, схватить эту нечестную женщину за воротник и кричать ей в лицо: «Если твой ребенок умирает в реанимации с диагнозом острый лейкоз, что ты делаешь тут?! Ходишь по вагонам и собираешь деньги, тряся перед глазами людей заламинированными и тщательно подготовленными бумажками?! Почему ты не рядом с ним? Почему считаешь, что не ты, а эфемерные деньги спасут его жизнь? И на что вообще сбор? На какие лекарства? На платное лечение? Или на заграничную консультацию?»

Конечно, у нее нет никакого малыша и нет диагноза. Это мошенничество чистой воды.

Я кипела и внутренне топала ногами! Ведь это мой сын сейчас находится в реанимации на искусственной вентиляции легких, он получает внутривенное питание и лекарства через центральный катетер, он введен специальными препаратами в бессознательное состояние и круглосуточно спит, потому что в сознании начинает плакать и кричать, пытается вырвать из себя трубочки и снять датчики. Это называется седацией, знает ли об этом мошенница?

Двухмесячный малыш в крайне тяжелом состоянии без мамы рядом. Без мамы, которая нужна ему как воздух. Ведь если мама рядом, значит, все будет хорошо. Каждый ребенок это знает. Мама спасет и накормит.

И он все еще без точного диагноза. А это значит без лечения. Все, что сейчас он получает в реанимации, только каким-то образом поддерживает его жизнь на тонкой грани, но не лечит.

Войдя в новое здание больницы, в котором находится реанимация, я твердо решила, что сегодня поеду с выписками и анализами на консультацию к профессору, который лечит детей с острым лейкозом и другими заболеваниями крови.

Педиатр, к которой мы обращались с еще вполне здоровым Платоном, на плановый осмотр в месяц, поддерживала меня по телефону. Она рекомендовала нам обязательно попасть на консультацию к профессору.

— Тебе нужен лучший гематолог Москвы, уверена, что он разберется.

Немой вопрос в трубку и мысли о том, как же его найти.

— Не знаю, что это, но точно не лейкоз. Вам определенно нужно к нему, он лечит лейкозы и другие заболевания крови. Найдешь в интернете.

— Спасибо.

— Обязательно сообщай, как вы, — и разговор закончился.

Где мне искать этого загадочного профессора, она точно не сказала, контактов тоже не дала. Но я решительно настроилась его разыскать, чего бы это мне ни стоило. Потому что он лучший, так сказал человек, мнению которого я доверяла.

В этот же день я попросила реаниматолога подготовить для меня выписку из истории болезни и сделать копии анализов. А сама занялась поисками чудо-врача в интернете. Не с первой попытки, но я отыскала место его работы среди множества статей о нем и данных им интервью.

Сообщила родным о намерении поехать на консультацию к профессору, детскому гематологу-онкологу. Одобрения не получила. А даже наоборот.

— Уже приезжали разные врачи и смотрели Платона, ты же сама с ними разговаривала. Куда ты собралась?

— А именно он его не смотрел. Я хочу лично приехать и показать выписку и анализы.

— Может, лучше не терять время?

— Нет, я точно поеду. Уже решила.

Мое упрямство помогло добиться необходимой выписки и копий анализов. Правда, почти через неделю ежедневных просьб в адрес реаниматологов. Видимо, я им очень надоела. Хотя до сих пор не понимаю, в чем причина нежелания делать копии.

Навестив любимого малыша и получив на руки долгожданные документы, я готова была ехать. Зима, конец декабря, Платон в реанимации уже почти месяц. Диагноз не подтвердился. Значит, он все еще без лечения. Он на грани жизни и смерти.

На улице уже темнеет, морозный серый день спешит превратиться в темный и мрачный вечер.

Вхожу в автобус, долго еду погруженная мыслями в надежды. Принесет ли мне что-то эта консультация? Или это такая же соломинка, как судорожное посещение святынь? А может, никакого волшебного профессора не будет. Или он скажет все то же самое, что и доктора из той больницы. Покивает головой, сдвинет брови и сообщит, что согласен с мнением специалистов нашей больницы. Потому что нет личной заинтересованности. Или правда не знает.

Получила пропуск. Вошла в главный корпус. Спросила у охраны, как найти кабинет профессора М. Иду. Путаю коридоры, повороты. Кажется, я уже видела эту картину на стене.

Картину? Действительно. Только сейчас я вдруг выныриваю из своих мрачных мыслей и дум о болезни ребенка и надежд на спасение. Замечаю, что я в красивом месте. Яркие стены, мебель, картины на стенах. Не картинки, а репродукции художников. Да, я, похоже, видела их в «Третьяковке» когда-то. Возможно, в прошлой жизни. Потому что уже не понимаю, что жила какой-то другой жизнью. Без ежедневных поездок в реанимацию и серого, смешанного с грязью снега под ногами.

Наконец нахожу нужный кабинет. Обращаю внимание, что на полу наклеены забавные следы, на которых написана фамилия профессора. Отмечаю про себя, что его часто ищут. Понимаю, что он позволяет себя искать и даже помогает найти. Значит, отзывчивый человек. Значит, у него доброе сердце. Столько выводов. А это всего лишь наклейки на полу перед его кабинетом.

Стучусь в дверь. И вдруг осознаю, что уже вечер. Возможно, даже около шести часов. На улице кромешная тьма. Мелькает мысль, что зря приехала. Наверное, нет никого. Но я толкаю дверь. Открыта.

Вхожу в просторную приемную. Там никого. Робко иду вперед. Часть освещения погашена. Горит только пара дальних потолочных ламп. Может, и правда уже никого?

Делаю еще несколько шагов в сторону закрытой двери в конце помещения. Может, постучать?

Только сейчас понимаю, что это неловко, что надо было позвонить и записаться. И вообще, кто едет на консультацию под вечер.

Мне разрешили навестить Платона только спустя несколько часов ожидания, пустили в палату всего на полчаса, потом я сразу взяла подготовленные документы и поехала. Пока добралась до места назначения, настал вечер. Я не смогла пожертвовать драгоценным временем наедине с сыном.

Стучу в дверь.

— Войдите, — отвечает спокойный мужской голос.

Вхожу. Небольшой кабинет с широким окном. Рабочий стол с короткой брифинг-приставкой.

— Здравствуйте, — робко произношу я. — Мне нужен профессор М.

— Это я. Вы записывались?

Ну конечно, нет. Я вообще мгновение назад за дверью поняла, что нужно было записаться, так принято в обществе, но, кажется, мне было не до этикета. И тут моя внутренняя решительность отталкивает чувство неловкости и неудобства, и я сообщаю:

— Нет. Но вы знаете, мне очень нужно с вами проконсультироваться. Мой сын сейчас в реанимации московской больницы. И ему до сих пор не поставили диагноз. А он почти месяц там, и ему всего два месяца, — на одном дыхании выпаливаю я.

Он понимающе кивает. В его глазах сочувствие.

Я вижу, что он действительно хочет мне помочь и сейчас не последует фраза о том, что если бы я была записана, то он поговорил бы со мной, но в данный момент он очень занят, поэтому нужно будет записаться и приехать в другой раз.

— Как он туда попал? — спокойным и располагающим голосом спрашивает доктор.

И я рассказываю нашу короткую и трагическую историю.

Простудился. Была температура, через 5 дней она прошла. Наблюдались у педиатра. Думали, что малыш уже здоров и даже сходили один раз на прогулку. Но спустя два дня температура снова поднялась и тогда уже совсем не снижалась. Сбить ее было почти невозможно. Рассказываю, как мы ходили с малышом по врачам, у них не было единого мнения, один говорил отит, другой опровергал, потом предположили какую-то бактериальную инфекцию, но антибиотики не помогали и температура все также держалась. Как вызывали неотложки и скорые и попали в инфекционную больницу, а оттуда в инфекционный бокс больницы и дальше сразу в реанимацию. Про плохой анализ крови, в котором упали все показатели, и про неподтвержденный диагноз «острый лейкоз», потому что отсутствуют бласты. И даже про то, как нас обвиняли в жизни «под забором».

В руках у меня была сумка, а внутри нее документы. Те самые. Важные бумаги, без которых ни один доктор даже не станет говорить со мной.

Не попросив меня даже показать выписку и анализы, профессор спокойно, но уверенно произнес:

— С вероятностью 99,9 процента мы знаем, какой диагноз у вашего ребенка.

Я крепко сжала сумку с важными, как мне казалось еще пять минут назад, документами, ведь ждала их целую неделю.

Изумление в моих глазах, и в них же немой вопрос.

— Приготовьтесь. Сложное название.Гемофагоцитарный лимфогистиоцитоз. Это лечится.

Мои глаза еще больше округляются. Я слышу диагноз. Неужели он есть. Да еще и лечится!

— Но лечение непростое. Сначала необходимо стабилизировать состояние. А затем требуется пересадка костного мозга. У младенцев мы всегда стараемся провести пересадку как можно ближе к году. В более раннем возрасте это обычно сопряжено с большими рисками. Пересадку необходимо проводить от донора. Родителей для этого, как правило, не рассматриваем.

И тишина. Мне нужно что-то спросить. Столько информации, даже удивительно. За почти месяц молчания и неуверенных предположений так много слов по существу. И все с конкретикой. Даже пересадка и донор. Думаю, что нужно обо всем этом узнать подробнее. Меня не интересует, где мы найдем донора и, возможно, деньги. Для меня главные слова, что есть диагноз и что существует лечение. Мой сын будет жить. Его спасут. Надежда перестала быть тоненькой ниточкой.

— Что-то похожее на этот диагноз я слышала сегодня утром от врача-гематолога, когда была у Платона. Но она высказала это как предположение и впервые за все время, что мы там находимся.

— Вам начали лечение?

— Нет, насколько я знаю, в терапии ничего не изменилось.

— Я бы начал лечение незамедлительно.

Он взял телефон со стола и начал звонить. По разговору я поняла, что это был звонок заведующему гематологией больницы, где лежит мой малыш. Также я поняла, что действительно лечить не начали и что диагноз только сегодня предположили.

Удивительно, но за долгое время постоянной грусти на грани отчаянья и боли я вдруг почувствовала радость. Ничего не произошло, пока состояние Платона такое же, как и утром. Но кое-что изменилось. Появился диагноз. И появился он каким-то совершенно волшебным образом. Зачем я ждала целую неделю этих документов? Они ведь даже не пригодились.

— Спасибо. Спасибо вам большое, — в растерянности пролепетала я. Совершенно не подбирались слова и выражения. Что вообще говорят в такой ситуации? У меня не было никаких паттернов для этого. Вообще, все в моей жизни в последнее время не имело никаких привычных шаблонов.

— Всего доброго, сообщите, пожалуйста, как начнут лечение.

— Обязательно, конечно!

Уже в дверях меня осенило. Как сообщить, куда? И я решилась.

— А можно записать ваш номер, чтобы сообщить? — выдохнула я.

— Ах да, конечно. Записывайте.

На улице меня ждал почти черный бесснежный декабрь. Мне нужно было как-то добраться домой, а в голове крутились мысли о том, что с этого дня появился диагноз, что теперь все будет иначе. Что главное — начать лечение. Незамедлительно. Про пересадку костного мозга и донора. Про то, что, может быть, получится перевести Платошу в эту больницу.

Найти дорогу домой оказалось не самым простым делом, несколько раз я села не в тот автобус, затем уехала не на ту станцию метро, потому что мысли были заняты другими делами, гораздо более важными, чем маршрут до места назначения.

Когда я все-таки добралась домой, Женя уже был там. Я в восхищении рассказывала ему о том, в каком необычном месте была, о внимательном и гениальном профессоре. О том, что наконец-то поставлен диагноз. И что есть лечение, а это значит, что нашего Платошу обязательно спасут! Ведь именно об этом мы мечтаем, он обязательно будет здоров! У нас теперь была не призрачная надежда, а крепкая и уверенная цель. Я говорила, и мы оба вытирали слезы, не обращая на них особого внимания.

Женя был изумлен моим рассказом, он удивлялся всему, что я говорила. Неужели так бывает в нашей стране, в нашей жизни. Что за пересадка такая? А донора где брать, если мы точно не годимся? Он не мог произнести название диагноза и просил меня повторить несколько раз. А я, боясь, что забуду, предусмотрительно записала его сразу, как только вышла от доктора. К тому же когда я училась на биологическом факультете, мне часто приходилось учить сложные научные термины и сложносочиненные латинские названия растений, животных и анатомических обозначений, поэтому мой мозг неплохо справлялся с такими длинными словами.

**

Уже ночью искала любую информацию о диагнозе и лечении. Все, что я находила, было в основном научными работами и диссертациями. Продираясь сквозь дебри научных формулировок, я выуживала главные для меня сведения. Проценты выживаемости, сроки лечения и вероятности. Параллельно читала о пересадке костного мозга и о гемопоэтических клетках. Такие операции обычно проводили пациентам с лейкозами, во всяком случае, информация попадалась только такая, поэтому я читала и о них. Как пригодилось мне здесь мое образование! Ведь если бы я училась не на биофаке, вряд ли бы мне что-то было понятно из того, что попадалось.

Итак, болезнь.

Семейный гемофагоцитарный лимфогистиоцитоз или HLH — генетически обусловленный диагноз. То есть оно наследственное.

Активируется чаще всего любым вирусным заболеванием. Как правило, организму удается справиться с вирусной инфекцией, но начав борьбу, специальные защитные клетки, лимфоциты, не могут остановиться и продолжают ее уже не с чужеродным агентом в организме, а против своих клеток крови (эритроцитов, тромбоцитов и лейкоцитов). Это называется гемофагоцитоз.

Можно представить это так. Если в дом влез огромный паук, то здоровый организм берет тапок и убивает паука. Организм пациента с HLH поджигает дом.

Кроме лимфоцитов, в процессе участвуют гистиоциты, это особые клетки, тканевые макрофаги, именно они играют важнейшую роль при излечении от вирусных инфекций. Макрофаги также уничтожают остатки своих и чужеродных разрушенных клеток, например, побежденных бактерий. Но теперь, не видя разницы между своими и чужими, из-за генетической поломки, потому что у них нарушен механизм узнавания и клетка работает неправильно, спасатели разрушают собственные кровеносные клетки.

Когда лимфоциты и клетки-защитники, макрофаги, становятся излишне агрессивными, они начинают атаковать клетки органов: печени, селезенки, кожи, лимфатических узлов, легких и головного мозга. Их деятельность приводит к поражению и разрушению этих органов, а также снижению количества необходимых для нормального функционирования организма клеток крови. По статистике это заболевание встречается у одного ребенка на 50 000 новорожденных в год[5].

Именно так было у Платона, первая простуда активировала заболевание, но мы еще об этом ничего не знали. Ни мы, ни врачи, которые его осматривали. Много врачей.

Температура поднималась до 38,6 градуса, но она снижалась с помощью жаропонижающих и вновь поднималась спустя 6—8 часов. И с каждым разом все раньше. В какой-то момент препараты перестали снижать температуру даже на десятые доли градуса.

Это все говорило о том, что в организме идут все эти разрушительные процессы.

К слову, то, что малыш подхватил простуду тогда, когда мы с мужем были здоровы, фактически из воздуха или с одежды, также может быть связано с наличием имунного заболевания.

[5]Румянцев А. Г., Масчан А. А., Масчан М. А., Новичкова Г. А. Федеральные клинические рекомендации по диагностике и лечению гемофагоцитарного лимфогистиоцитоза у детей. М., 2015

Чтобы остановить процесс, запущенный инфекцией, разработан лечебный протокол из препаратов химиотерапии. Но он только сдерживает часть возникших процессов. Иммунитет находится в подавленном состоянии, и организм еще сильнее подвержен инфекционной опасности.

Именно поэтому, если есть возможность и подходящий донор, как можно скорее делают «пересадку иммунитета» - костного мозга. Донорские клетки, которые пересаживают пациенту, полностью заменяют его сломанный защитный механизм. И как только клетки начнут полноценную работу, иммунитет восстановится.

ГЛАВА 10. НОВЫЙ ГОД В ПАЛАТЕ ИНТЕНСИВНОЙ ТЕРАПИИ

Утром я, как обычно, приехала в реанимацию. Заняла свое место и стала ждать. Реаниматолог сказал, что пустит меня через час, а еще, что мне нужно сходить в отделение гематологии в другом корпусе поговорить с заведующим. Но позже.

Когда вошла к Платону, я ожидала увидеть новую табличку, с новым очень сложным диагнозом. Но была вчерашняя. Нового лечения тоже не было.

В отделении гематологии, куда меня направили, я искала заведующего, но наткнулась на понурых родителей пациентов, которые что-то обсуждали. Кто-то надевал куртку, чтобы пойти в магазин, кто-то решал свои бытовые вопросы, а рядом с одной женщиной сидел лысый ребенок в маске.

«Они ухаживают за своими детьми и живут здесь вместе с ними», — догадалась я, оглядывая обстановку. По периметру стен стояли шкафчики, на крючке висел одноразовый халат для входа в отделение. Здесь нужно переобуться. Особый режим. Особые правила.

Как бы мне сейчас хотелось оказаться здесь со своим малышом, а не на разрыв навещать его в реанимации. Я бы выучила все эти правила и беспрекословно соблюдала. Лишь бы он поправлялся, лишь бы был рядом, на моих любящих руках. Только бы я могла ухаживать за ним и помогать выздоравливать.

Поздоровавшись с родителями, я спросила, как найти заведующего. Оказывается, лучше войти в другой вход и подняться на второй этаж с обратной стороны здания, чтобы не идти через отделение, в котором находятся пациенты. Они спросили, зачем мне заведующий, я ответила, что ищу его, потому что мой ребенок в реанимации с тяжелым заболеванием крови и мне очень надо обсудить лечение.

Кто-то из них потупил глаза, кто-то испуганно отвернулся, чтобы только не притянуть к себе подобную ситуацию. Никто из них не хотел оказаться на моем месте. Никто из них не хотел, чтобы его ребенок оказался на месте моего. Слово «реанимация» пугает и отталкивает.

Мне были понятны их чувства, но я начала ощущать себя чумной, от которой отворачиваются и перебегают на другую сторону улицы. Неужели кто-то думает, что, находясь рядом с человеком, которому хуже, чем тебе, можно заразиться его горем.

Когда я нашла заведующего, того самого, с которым беседовал профессор из другой больницы, он приветливо поздоровался. Но далее сообщил следующее:

— Мы считаем, что у вашего сына гемофагоцитарный лимфогистиоцитоз, в ближайшие дни планируем начать лечение. Такой-то препарат мы начнем уже завтра, еще один возьмем у другой мамы пациента, а вы ку́пите его и отдадите ей.

Все это было сказано на одной волне и одной интонацией. К такому разговору я не была готова. Дело даже не в том, что я должна что-то купить. Дело в том, что по сей день мне казалось, что наша медицина бесплатная. Во всяком случае, когда ты находишься в стационаре, препараты для необходимого лечения предоставляются из бюджетных средств. А теперь нужно искать лекарства, не уверена, что их можно купить в любой аптеке. И я даже не догадываюсь, сколько они могут стоить. И почему вообще их нет?

Возможно, мой наивный и удивленный взгляд немного выбил доктора из колеи. Похоже, что подобная практика была рутинной процедурой и родители запросто покупали те препараты, которых не было в наличии. Он замедлил свою речь и посмотрел на меня.

Я уже подумала, что раз заведующий говорит купить лекарство, значит, надо купить. Пока не знаю где, но найду. И верну той маме, у которой берут препарат для моего крохи. Ведь она купила его для спасения своего ребенка.

***

В выходные мы приехали к Платоше вместе с Женей. Мне было приятно навещать малыша вместе с ним. Так мы были настоящей семьей. И я рада была видеть его в роли любящего отца.

Как всегда, мы ждали в коридоре, когда разрешат войти в отделение реанимации. И вот, наконец, назвали нашу фамилию.

Дежурным реаниматологом в этот день была молодая приятная женщина. Она сказала, что сегодня мы вместе наведем порядок у малыша. Это было сказано жизнеутверждающим тоном, и мы с удовольствием решили поучаствовать.

Я испытала радость. Ведь наконец-то мне можно сделать что-то полезное для собственного ребенка.

Втроем мы стояли у Платошиной кроватки.

— Сейчас мы с вами перевернем противопролежневый матрас и перестелим постель, чтобы малышу стало удобнее и комфортнее. Он у нас такой молодец, старается и борется. Давайте ему помогать, — бодро сообщила она.

Мне очень понравилась эта идея. Помочь нашему крохе. Да я все бы отдала, только бы мне разрешили о нем заботиться и чтобы он выздоровел.

— Так, папа, вы сейчас поднимите малыша на руки, а я переверну матрасик. Держите осторожно, видите, как много на нем датчиков, — энергично скомандовала реаниматолог.

Женя подложил руки под Платошу и очень бережно, стараясь ничего не зацепить, приподнял его. Потом более уверенно поднял повыше, так что наш ловкий доктор смогла быстро перевернуть матрасик.

Я смотрела на мужа с сыном в руках, и у меня побежали слезы. Это такое счастье видеть, как он аккуратно и с любовью держит кроху. Как мне в тот момент хотелось тоже взять Платошу на ручки, как неистово мечталось его обнять. Ведь уже больше месяца я не держала его на руках, не ощущала телом, какой он. Маленький, теплый и родной.

***

Декабрь как обычно пестрил яркими огоньками и нарядными витринами, отовсюду были слышны зимние новогодние песни и мелодии, в воздухе пахло мандаринами, кругом все готовились к празднику, который вот-вот наступит. Люди спешили на корпоративы и маленькие дружеские встречи в уютных вечерних кафешках. Оставалась последняя неделя года, надо успеть всех поздравить, купить подарки, наряды, продукты к праздничному столу. Спланировать Новый год и новогодние каникулы. Ежегодные приятные хлопоты перед волшебным праздником. Но в этот раз эта зимняя суета вокруг меня абсолютно не радовала. Мне хотелось выть.

Почему мой любимый сыночек не дома, ведь это наш первый совместный Новый год. Неужели в нашем доме не будет тепло и ароматно? Я не буду резать салаты, пока Женя развлекает Платона, и втроем мы не сядем за стол и не почувствуем, что мы просто счастливая семья? А мы ведь как раз перед болезнью начали украшать дом, успели повесить на кухонную вытяжку гирлянду из хвойных веточек, украшенных шишками и бантами, ведь нам уже тогда хотелось добавить уюта и атмосферы праздника в наш маленький дом.

Накануне моего любимого праздника, который с детства начинала ждать, как только он заканчивался, и, кажется, предвкушала больше дня рождения, захотелось поздравить нашего удивительно проницательного профессора, который фантастически быстро определил диагноз. Но что можно подарить такому человеку? Несмотря на то, в какой мы ситуации и что нам не до праздника, хотелось сделать для него что-то приятное. А до Нового года всего четыре дня, с выходными.

Из реанимации я снова вышла без настроения. Никаких улучшений. Даже температура не перестала подниматься. И сегодняшний дежурный реаниматолог не разрешил покормить Платошу, более того, попросил меня поскорее уйти, потому что я оказалась некстати. Каждый раз в такие моменты мне хотелось быть невидимкой. Сидеть рядом с сыночком, но так, чтобы меня никто не замечал.

Я вышла на улицу и побрела куда-то вперед, взглянула на часы, еще не поздно зайти и купить подарок профессору и сразу отвезти.

В пелене безрадостных мыслей я брела по тротуарам, уткнулась в магазин «Книга» и решила, что это, пожалуй, то, что нужно. У меня не было ни малейших сил на изобретение каких-то грандиозных подарков, мне вообще порой казалось, что я пробираюсь каждый день словно сквозь туман. Только время от времени кое-где что-то проясняется, и я ненадолго появляюсь в реальности.

Перед стендом с книгами я придумала, что ищу что-то про врачей. Может, энциклопедию или биографию. И нашла отличную книгу. Подарочное издание, глянцевые плотные страницы, яркие и качественные изображения. Аромат свежеотпечатанного премиального издания. Это была книга о великих врачах мира с древних времен до наших дней. В ней имена самых значимых фигур в медицине. Я была твердо убеждена, что наш доктор достоин упоминания в этой книге. Вполне возможно, в следующем издании напишут и о нем.

Упаковав свой подарок в праздничный пакет, я поехала в клинику, где впервые его увидела. Поскольку я снова не записалась на прием и не была уверена, что профессор будет на месте, решила, что хотя бы оставлю для него подарок.

В этот раз я нашла кабинет значительно быстрее, хотя вообще не помнила, как дошла в первый раз. Возможно, встроенная навигация моего тела управляла ногами в этот раз с помощью подсознания.

Я постучалась, услышала шаги и знакомый голос:

— Да-да.

— Здравствуйте, я мама Платона Линчика, помните, я приезжала... вы определили диагноз моего сына... он до сих пор в реанимации...

— Здравствуйте, конечно, я вас помню.

— Извините за беспокойство. Новый год скоро... хотели вас поздравить, — и смущенно протягиваю впереди себя увесистый подарочный пакет из книжного магазина.

Он берет его в руки — уже приятно, что не отказался, — и говорит:

— Тяжелый!

Мне становится немного неловко, и я сообщаю:

— Там книга.

— Книга? — и достает ее из пакета. — Красивая.

Я вижу по глазам, что ему, и правда, понравилось.

И вдруг он сурово произносит, сдвинув брови:

— Там, случайно, нет денег?

Одновременно во мне проносится несколько эмоций. Удивление — оказывается, кто-то и деньги вкладывает, почему я не подумала об этом? Стыд — может, надо было подумать и вложить? Снова стыд — уже за эту мысль, я всегда была против благодарностей в денежном выражении. И смущение — может, книга была не лучшей идеей.

— Нет, точно нет, — как-то неуверенно сообщаю я.

— Это хорошо, — мягким отеческим голосом отвечает профессор.

Становится спокойнее, я прощаюсь, на автомате из меня вылетает:

— С наступающим.

— И вас... как вы думаете провести Новый год?

— Вы знаете, больше всего на свете мне хотелось бы быть рядом с сыном. Спрошу у заведующей, разрешат ли нам быть ночью в реанимации... думаете есть какие-то шансы?

— Это отличная идея, вполне могут разрешить. Надеюсь, так и будет.

— Спасибо вам, всего доброго.

— До свидания, сообщайте, как дела у Платона.

— Обязательно. До свидания, — с надеждой и благодарностью отвечаю ему. Надо же, запомнил, как зовут моего малыша. Это бесконечно приятно и непривычно.

***

На следующий день решаюсь задать очень важный для меня вопрос заведующей. Стучусь в кабинет.

— Войдите.

— Здравствуйте, я хотела узнать у вас, разрешены ли посещения детей в вечернее время?.. Скоро Новый год, и знаете, больше всего на свете нам бы хотелось... встретить его вместе с ребенком. Иначе мы для себя не представляем этот праздник.

— Хм... необычный вопрос, еще никто не навещал ребенка ночью, тем более в новогоднюю ночь. Такого у нас еще не было...

но с другой стороны, если вы недолго тихо побудете с ребенком, это никому не помешает. Реанимация, как вы понимаете, работает круглосуточно. Да, пожалуй, я не против. Можете приходить.

— Спасибо, спасибо большое, это для нас очень важно. Мы точно не помешаем, — от переполняющих эмоций тараторила я. Где еще быть матери в новогоднюю ночь, как не у кроватки болеющего малыша.

Выхожу из кабинета и сразу хватаюсь за телефон.

— Жень, разрешили навестить Платошу в Новый год! — почти ликую я в трубку.

— Да? Это хорошо, значит, поедем, — слышу удивленный и одновременно радостный голос.

***

Вечером тридцать первого декабря, когда большинство семей уже закончили приготовления и навели в домах порядок, надели праздничные наряды, накрывают на стол или уехали в гости, мы с мужем надели самую обычную повседневную одежду и вышли из дома. По пути решили, что в праздничный вечер было бы правильно что-то принести дежурной бригаде реаниматологов и купили красивый деревянный ящичек с мандаринами. Зеленые листочки на веточках и яркие оранжевые плоды выглядели торжественно и жизнеутверждающе. Мы искренне желали самого лучшего докторам. И были благодарны всем им за то, что нам разрешат побыть в эту ночь у кроватки нашего сына.

В одиннадцать часов вечера мы поднялись по лестнице к отделению реанимации, дождались, когда откроется неприступная железная дверь, и вошли в длинный коридор, который вел к палате Платона.

В одноразовых костюмах, бахилах и шапочках мы сидели на стульях у его кроватки. Пикали мониторы, шумел поршень аппарата искусственной вентиляции легких, время от времени жужжал прибор для постоянного измерения давления.

Мы тихо разговаривали.

— Как бы сейчас хотелось быть дома, возле елки. Держать Платошу на руках в нарядном костюмчике и радоваться тому, что он здоров, — произношу это, а в горле застревает комок, и слезы начинают стекать по щекам. Смотрю на Женю, у него мокрые глаза и, судя по его мимике, он сейчас борется с собой и старается остановить свои эмоции и надвигающиеся слезы.

Понимаю, что такой грустью мы портим настроение нашему крохе. Мама с папой рядом, он чувствует. Надо говорить с ним. Я начинаю напевать новогоднюю песенку. Получается неровно, голос дрожит, слова прерываются и спотыкаются, петь с комом в горле и со слезами на глазах очень сложно.

Одноразовая маска мешает вытирать слезы, в воздухе пахнет средством для дезинфекции рук.

Со стороны сестринского поста, который находится недалеко от палаты, доносится речь президента. Значит, уже вот-вот наступит новый, 2014 год. Надеюсь, что мой любимый справится с этой болезнью и будет здоров, я думаю только об этом. Мне хочется отдать взамен часть себя или даже всю. Лишь бы он был.

Я беру Платошу за ручку, Женя держится за вторую и раздается бой курантов. Вот и наступил новый год, год на который мы возлагаем большие и самые искренние надежды. Мы ждем от него, что наш малыш ответит на терапию, пойдет на поправку и совсем вылечится. Я точно жду только этого. Вся остальная жизнь меня не интересует.

По моему лицу текут потоки слез, Женя уже не скрывает своих. Мы смотрим друг на друга и не верим, что вот так встречаем наш первый Новый год в роли родителей. Смотрим на нашего любимого сына, лежащего в детской больничной кроватке. Горько видеть его таким беспомощным и слабым. Во рту и в носу трубки от аппарата ИВЛ и зонда для кормления, катетер под ключицей, на ножке манжета от аппарата по измерению давления, на пальчике другой ноги надет пульсоксиметр и датчик кардиомонитора для измерения насыщенности кислородом.

ГЛАВА 11. ЗВОНКОМ ПО СЕРДЦУ

В будни я навещала Платошу одна, добиралась на электричке, а по выходным ездили вместе с Женей на машине. Во время длинных январских выходных мы каждый день приезжали к нашему крохе. И в это воскресенье как обычно отправились вдвоем. Серым зимним утром не много машин движется в сторону центра города, дороги были достаточно свободными. Грязный снег был прибит по обочинам, мы время от времени о чем-то заговаривали, но разговор как-то не клеился и сам собой обрывался. Даже радио вещало еле слышно. Вся ситуация с болезнью сына и его тяжелым состоянием заморозила нас, и в наших отношениях тоже поселилась зима. Все время говорить о болезни тяжело, потому что вокруг царила полная неизвестность, вся эта ситуация не контролировалась нами и никак от нас не зависела. Говорить о чем-то другом не получалось, потому что любая тема в свете происходящего в нашей жизни меркла и казалась абсолютно ненастоящей, неважной и даже какой-то картонной.

В такой тишине вдруг неожиданно громко щелкнул звук камня по лобовому стеклу. Точно, это был мелкий камушек, вероятно, вылетел из-под колес впередиидущей машины и ударился в самую середину нашего лобового стекла. От него остался маленький, но глубокий след, как точка.

И вот, прямо у нас на глазах, эта точка начала расползаться паутиной из тонких трещин. Они выходили из центра и двигались в противоположных направлениях. Это было пугающее и завораживающее зрелище.

Внутри меня все оцепенело. Ни за что я не хотела поверить, что это может быть дурным предзнаменованием. Он на грани — пульсировало в моей голове.

Взглянула на мужа. Женя бросил взгляд на меня. И я уловила в его взгляде тревогу. Значит, и он подумал о том же.

Но вслух мы заговорили о другом. О замене стекла, о том, что зимой такое часто случается, но все-таки удивительно, что в машину попал камушек, потому что ближайший к нам автомобиль был на достаточно большом расстоянии.

Мы говорили об этом, а живот у меня сжимался от страха, внутри росло напряжение. И как я ни старалась, меня не покидал захвативший ужас. Ведь мы ехали в реанимацию. К нашему малышу.

Теперь стало казаться, что мы как-то слишком долго едем. Что медленно паркуемся, и дорога от входа на территорию больницы к реанимации слишком длинная. Как во сне, идем по бесконечной и еще больше отдаляющей от цели дороге. Мне хотелось идти как можно быстрее, лучше бы вообще бежать. Но бег привлечет лишнее внимание, а этого совсем не хотелось.

Сразу, как только поползли трещины по стеклу, в ту же минуту мне срочно нужно было увидеть Платона, убедиться, что он на месте, что все, как вчера. Что он жив. И с того самого мгновения я не могла дождаться встречи с ним. Поэтому время и тянулось так, как в неприятном сне.

Мы подошли к серой, сегодня особенно пугающей двери отделения интенсивной терапии. Я села на стул. Волнение продолжало нарастать. Скорее бы уже сказали, что все также. Стабильно. Сегодня я и этому была бы рада, хотя обычно очень ждала хороших новостей. В один из дней мне даже говорили, что уменьшили мощность работы аппарата ИВЛ и хотят попробовать его отключить, что есть надежда на самостоятельное дыхание. Это была очень вдохновляющая новость, казалось, что вот, наконец-то сдвинулось, наш мальчик идет на поправку. Он обязательно выздоровеет! Мы справимся, потому что верим и ждем этого всем сердцем. К сожалению, самостоятельно дышать наш сыночек не смог и продолжил дышать с помощью аппарата, хотя и не на самых высоких показателях.

Но сегодня мне было достаточно услышать: жив, стабилен. Страх овладел мной.Наконец дверь запищала, и появился реаниматолог. Я взглянула на него щенячьими глазами. «Ну, не молчи, пожалуйста, что там?» — читалось в них.

— Здравствуйте, состояние стабильное. Сейчас как раз никого нет, вы первые. Можете зайти.

Гора с плеч. Стало чуть свободнее дышать. Но все же еще неспокойно. Наверное, когда я увижу его лично, станет легче на сердце.

Последние дни зимних выходных, первая декада нового года. Сегодня воскресенье перед первым рабочим днем в этом году.

Все как всегда. Входим, надеваем стерильную одежду, шапочки, маски, бахилы. У стерильной одноразовой одежды особенный запах. Его невозможно забыть и спутать с чем-то другим. Даже сейчас я помню его как наяву.

Входим в палату.

Вот он мой драгоценный, мой любимый и беззащитный малыш. Лежит в одном памперсе, ручки и ножки раскинуты в разные стороны. Весь в проводах и трубочках. Видно как поднимается и опускается грудная клетка, вверх-вниз. И недалеко, у стены, в этом же темпе движется поршень за прозрачной стенкой. Так дышит за него аппарат.

Время от времени раздается тревожный сигнал датчика сердечного ритма. У него резкая и очень беспокойная мелодия. Поначалу даже вздрагиваю от нее, но медсестра говорит, что так бывает, когда датчик отходит. Он недостаточно плотно закреплен на большом пальце маленькой детской ножки, неподходящий размер. Аппарат периодически теряет сигнал, а на экране монитора появляется прямая линия, и он фиксирует замедление сердечного ритма. Технические неполадки. Но почему-то все равно неуютно от этого. Возможно, этот тревожный ритм рождает в душе чувство опасности, а совсем не мои плохие предчувствия и этот камень, попавший в стекло...

Как и все дни до этого обрабатываю антисептиком руки, дожидаюсь, когда выветрится резкий запах и кожа высохнет, а потом нежно прикасаюсь к моему малышу. Он начинает отзываться на мои прикосновения, двигает руками, пытается крутить головой. И я знаю, что он так радуется мне. Сначала я думала, что ему не Это произошло еще задолго до Нового года и утвержденного диагноза, тогда я пришла навестить сына. Впустили к нему на удивление быстро, подхожу и вижу через стеклянную стенку, что на нем специальная шапочка с множеством проводков, а две медсестры за экраном ноутбука контролируют исследование ЭЭГ[6].

---

[6]Электроэнцефалография – неинвазивный метод исследования функционального состояния головного мозга путем регистрации его биоэлектрической активности.

Исследование отображает электрическую активность мозговых клеток, определяет, есть ли функция коры головного мозга, выявляет эпилептическую активность и оценивает достаточность седации. То есть глубину лекарственного сна, это позволяет удостовериться, что подобраны нужные препараты в необходимой концентрации. При недостаточной седации возникают тяжелые посттравматические последствия, потому что пациент чувствует боль, но не может об этом сообщить. То есть оно определяет, насколько Платоша в сознании. Об этом я читала.

— Здравствуйте, я не помешаю? — Произношу осторожным тихим голосом при входе в замок из стекла, в котором спит мой сын.

— Нет-нет, проходите, — отвечает мне женщина в медицинском костюме с мишками и воздушными шарами.

На Платошу надета шапочка, к ней прикреплено множество тонких проводков, подключенных к компьютеру.

На монитор, стоящий на тележке с колесами, выводится график, похожий на кардиограмму. Одна медсестра касается Платошиной ножки, далее они обсуждают процесс активности головного мозга моего ребенка. График на мониторе похож на невысокий заборчик с детского рисунка. Я стою дальше от кроватки, и мне очень хочется дотянуться и прикоснуться к моему любимому младенцу, но я томлюсь в ожидании и даже завидую девушкам, которые так близко к нему. Думаю, что подойду, когда закончат. У меня совсем не хватает терпения и ожидание мучительно. А время тянется невыносимо долго.

И вот решаюсь.

— А можно мне его потрогать? Не повредит? — слабым голосом произношу, кивая на оборудование.

— Да, пожалуйста, мы почти закончили.

Кладу свою руку на его крошечное плечико, он такой теплый, даже сказала бы горячий, мой ненаглядный мальчишка. Глажу и вдруг сама вижу, как начинает активно двигаться кривая графика на экране.

— Смотрите, как он обрадовался. Мама пришла, — радостно удивляется лаборант.

А на деле я вижу, как сын старается двигаться, пытаясь пробраться сквозь медикаментозный сон. Сон, который не отпускает, держит как густой кисель.

Но все-таки оживляется и всем телом отвечает на мои прикосновения, его движения не слишком активные и сильные, но отчетливо видно, как он выгибается, шевелит плечами, руками, ногами и крутит головой.

Мой любимый, чудесный малыш реагирует на меня, он очень хочет к маме.

И я больше всего на свете мечтаю взять тебя на руки, расцеловать, и убежать вместе с тобой домой. Поправляйся, выздоравливай, мой родной.

После этого случая я точно знала, что Платошины движения в ответ на мои песни и прикосновения — это проявления его любви и радости по отношению ко мне. Он старается приблизиться к маме. И меня бесконечно согревало это осознание.

В это посещение я уже, без сомнений, могла прикасаться к нему, но обязательно всегда только чистыми руками. И очень осторожно. Мне было страшно навредить. Напротив, я мечтала способствовать его выздоровлению.

Спела несколько детских песенок, как обычно, только каждый раз вздрагивала из-за тревожного сигнала. Даже попробовала поправить датчик, чтобы он хорошо прилегал и не терял сигнал. Потом спела еще несколько песен, которые приходили на ум, совсем не детских, а из моей юности, старших классов и студенчества. Иногда мы пели под гитару что-нибудь, как и многие другие молодые ребята. После каждой спетой мной песни я замечала, что Жсııя уже готов уходить. Но я начинала новую, чтобы задержаться еще. У меня дрожал голос, иногда наворачивались слезы, но я старалась быть хоть как-то повеселее, на глазах мужа тоже появлялись слезы, он смахивал их рукой или отводил взгляд.

Он посидел, помолчал. Заметно было, что ему тут тяжело находиться, чувствовалась его скованность в реанимационной палате. Тут не поговоришь и не поиграешь со своим ребенком, ведь он же спит и не ответит на твои попытки. Мужа, наверное, смущали время от времени входящие медсестры, чувствовалось его стеснение. Он вообще не мог там долго находиться.

А я же, напротив, почти освоилась, мне было безразлично, где быть, лишь бы с сыном. Пела я негромко, чтобы никому не помешать. Специально придвигала стул поближе к кроватке, склонялась к Платону и напевала ему на ушко разные песенки, которые помнила. Некоторые композиции из моего репертуара я уже пела ему, еще до болезни, дома или на прогулке. Колыбельные напевала перед сном, даже когда была еще только беременна. Главное ведь это мамин голос в этих песнях и мамино настроение.

Думаю, сотрудникам этого отделения привычны такие картины, и мне неважно, что они обо мне думают.

Как и всегда в наши совместные посещения, Женя заторопил меня.

— Поехали, мы уже долго. Мешаем, наверное, тут.

— Никому мы не мешаем, нам бы сказали, ты же знаешь.

Но его тяжелый взгляд настаивал.

— Ладно, сейчас поедем. Поцелую Платошу и пойдем.

Целовала я его через маску, как и всегда за это время только в ножку или плечико, мне очень хотелось его касаться, очень хотелось зацеловать всего, но правила асептики и стерильности не позволяли. И я очень ждала выздоровления. Постояла рядом, посмотрела на него, в трубках и проводах, как в паутине, с любовью и надеждой на лучшее.

Мы вышли из палаты, сообщили на посту, что уходим, и направились к машине.

На лобовом стекле блестели тонкие трещины. Вновь мне стало тревожно, снова запульсировала мысль «он на грани», вспомнился этот тревожный сигнал датчиков, который сопровождал мои песни, но я старалась себя успокоить, что мы только что видели нашего малыша и были рядом. Он под присмотром врачей и медсестер.

Когда мы почти подъехали к дому, Женя предложил:

— Такое солнце сегодня, давай заедем в сосновый бор, прогуляемся.

— Давай, все равно никаких планов нет, может, найдем там шишки и украсим дом, зима еще не закончилась.

Мы свернули на узкую дорогу и направились к лесу. Белыми подушками красовался снег на сосновых ветках, солнце светило особенно ярко, и зимний пейзаж становился выразительным и волшебным.

Остановили машину и вышли в эту идеальную картинку. Ярко-голубое небо сочными лоскутами виднелось между коричневых сосновых ветвей, даже голова закружилась от такой первозданной красоты. Искрится снег, мы улыбаемся, как будто на нас снизошла какая-то неземная радость. Откуда ей взяться среди наших мрачных будней?

Может, эти эмоции из детства? Чистый белый снег, яркое солнце, глубокое ясное голубое небо и сочная зеленая хвоя на темных сосновых ветвях. Бывало, мы в детстве катались на лыжах с родителями в такую чудесную погоду. Морозный и яркий день. Термос с горячим чаем, и вся семья в сборе.

Я наклонилась и подняла упавшую сосновую ветку с озябшими и закрытыми зелеными шишками.

— Смотри, какую ветку нашла! Ее можно поставить в вазу, она согреется, и в доме будет настоящий хвойный аромат. А вот еще, смотри.

Собрали немного шишек, взяли живые ветки и поехали согреваться домой.

Спустя примерно час у меня зазвонил телефон. Взгляд упал на экран, на котором отобразился неопределенный номер городского телефона. В эту же секунду меня пронзила боль осознания. Мне не нужно было ничего говорить. Я поняла без единого слова. Это звонок из реанимации. Его больше нет. Моего малыша, моего любимого и желанного сына больше нет в этом мире.

Мой организм отреагировал остро, хлынули слезы, я сунула телефон Жене и прокричала срывающимся голосом

— Я не возьму. Это все. Его больше нет. Я не хочу это слышать.

Муж взял телефон из моих рук, у него был испуганный и ошеломленный взгляд. Он ответил на этот звонок.

— Да... — тишина, ему сообщают эту страшную весть, сообщают, что наш сын умер... — Да? — совсем другим, дрожащим, тихим и сдавленным голосом переспрашивает он.

В эту минуту я катаюсь по полу и кричу, надрывно и громко, будто меня сейчас в схватке разрывают на части дикие звери. Я вою и кричу страшным голосом. Неужели это конец?! Меня только что убили, теперь мертва часть меня, которая уже никогда не возродится.

Я не могу в это поверить, я хочу отмотать назад, хочу попасть в ту минуту, где я целую его на прощание. И не уйти. Не оставить его одного. Не оставить его умирать.

Я виню себя за этот уход из палаты, за этот зимний лес, за дурацкие счастливые эмоции в этот солнечный день.

Почему? За что? Как это возможно? Я хочу, чтобы мой сын жил! Чтобы мой крошечный трехмесячный мальчишка гулил и улыбался, чтобы он рисовал на обоях, чтобы бегал по лужам, чтобы сказал мне когда-нибудь: «Мама, я тебя люблю». И написал это неровным детским почерком на смешном рисунке в мой день рождения.

Только не сегодня. Нет, пожалуйста, я не готова к этому, я хочу, чтобы ты остался. Платон, не уходи. Я же так мечтаю, чтобы ты был здоров, ты ведь даже пошел на поправку, ведь были улучшения, и все удивлялись. И даже диагноз поставили. И мы так ждали чуда!

Лежа на полу, я слышу, как Женя произносит:

— Да, конечно, возьмите все, что нужно, мы подпишем согласие.

И я понимаю, что это все.

ГЛАВА 12. ВСЕ СТАДИИ ГОРЯ

Когда весть о смерти ребенка обрушилась на меня, я все поняла, но защитный механизм моей психики подтасовывал результаты и факты, подменял картинки памяти и запрещал мне принимать происходящее на веру. Для наблюдателей это дико.

Вот я вижу женщину, которая кричит, как дикий зверь от боли и горя, бросается на пол, стучит по нему кулаками и падает, безразлично касаясь его лицом. В этот момент абсолютно плевать, как это выглядит со стороны, какие будут последствия и синяки, насколько пол чистый или грязный, холодный или твердый.

Только крик раненого дикого животного. Только дикая боль.

Дальше все происходит как в тумане. Я пишу сообщение, что его больше нет, и отправляю. Одна часть меня осознает, что требуется сообщить родственникам и готовиться к дальнейшим действиям, которые последуют по традиции ритуальных процедур. Другая часть — абсолютно не согласна, что это может быть правдой.

Первая и рассудительная — уже понимает, что ее крошечный малыш будет в белом. Потому что это цвет невинности и чистоты. И то, что с ним случилось, так или иначе, будет иметь последствия для нее.

Другая — считает, что он все еще в реанимации. Она его там видела. Он точно там.

***

На следующий день утром, когда нам было разрешено приехать, мы тревожные едем в больницу. Входим в зданис, поднимаемся по лестнице. Возле реанимации встречаем врача и санитарку. Она протягивает мне пакет с вещами моего крохи. Там его одеялко, крестик, какая-то иконка-заступница и что-то еще, я не вижу. Обращаю внимание, как она отводит глаза и не знает, что мне сказать. Непослушной рукой забираю пакет и не хочу понимать, почему мне его отдали.

Одна моя часть в недоумении. Потому что Платон в реанимации. А зачем тогда отдали вещи? Наверное, просто правила такие, сама себе объясняю я.

Другая часть — все понимает и слышит слова «морг», «патологоанатом», «заключение» и собирается идти в другой корпус, который так старательно обходила все это время и старалась даже не думать, что когда-то может понадобиться туда войти.

Мы говорим с заведующей реанимацией, она сообщает, что за его жизнь боролись. У него начало замедляться сердцебиение, как только мы уехали. Вспоминается тревожный сигнал датчика и брадикардия на мониторе в течение всего нашего посещения.

Появляется чувство глубокой досады и вины, что это я не почувствовала, я виновата, значит, это не помехи, значит, и правда, состояние ухудшалось у нас на глазах. А я пела ему свои глупые песни. Появляется дикая злость на персонал, отделение и больницу. Что так халатно отнеслись к моему ребенку. Что списали тревожные звуки монитора на неполадки. А ведь можно было сразу принять меры. А может, действительно, когда мы были у его кроватки, его сердечный ритм был нормальным, но когда мы уехали, он начал замедляться. Мне никогда не узнать истины.

ГЛАВА 13. СНЕГ, КОТОРЫЙ Я МЕЧТАЛА ЕМУ ПОКАЗАТЬ

В одну секунду наш уютный дом с детской кроваткой, качелями для укачивания, пеленками и игрушками стал холодным и осиротевшим. Мы ни минуты не могли тут оставаться. Тем более завтра утром нам нужно ехать туда, где уже нет в живых нашего ребенка.

Мы решили, что лучше поехать к родителям мужа. А может, это муж решил, потому что нуждался в поддержке. А мне было все равно. У меня рухнул мир.

Я либо рыдала, либо сидела в оцепенении.

Утром свекор и муж собрались ехать без меня в больницу.

— Как без меня? Я поеду.

— Побудь дома, — ответили мне.

— Нет, я точно еду, и это не обсуждается, — неожиданно уверенно отрезала я. Видимо, сознательная часть меня в этот момент прорвалась сквозь пелену слез и боли и решила держать все под контролем.

— Выпей чего-нибудь успокоительного, — впервые сказал мне Женя.

И я нашла в сумке лекарство. Его в месяц давала Платону по ⅛ таблетки по назначению врача и еще тогда прочитала в инструкции, что он уменьшает беспокойство и страх. А когда мой любимый кроха попал в реанимацию, бросила в сумку, думала, что не выдержу и начну пить, но держалась как могла и никаких лекарств не принимала, чтобы в молоко не попало ничего постороннего. Я приносила ему молоко и мечтала кормить, как только он поправится.

Нерешительными шагами я шла в отделение реанимации. Этого не может быть. Вчера мы были здесь, он был жив. Как все могло измениться за один день. Моя эмоциональная часть продолжала упорствовать и не хотела позволить мне осознать страшную правду. Она берегла меня и не желала, чтобы страшная весть меня разрушила.

Мы поднимаемся на второй этаж. Отделение реанимации. Справа от входа в отделение кабинет заведующей. Я подписываю бумаги, мы даем разрешение на вскрытие и на сбор всех необходимых материалов. Только позже мы узнали, что их собрали несвоевременно, материал уже был непригоден и никаких результатов анализ не дал. За все время пока малыш лежал в палате интенсивной терапии, множество раз у него брали кровь, но так и не взяли анализ, чтобы узнать, вызвано ли заболевание генетической поломкой. Этот анализ не покрывает страховка. И до сих пор у нас нет документального подтверждения того, что оно вызвано именно этим.

Заведующая зачем-то говорит мне, что у Платона была маленькая голова, так сказал патологоанатом. Микроцефалия. Это, видимо, она намекает, что он все равно был бы недоразвитым или с задержкой в развитии. Странно, у меня тоже небольшая голова относительно тела, но мне не мешает это жить. Она как бы оправдывает его смерть. То есть он был бы проблемой, и даже хорошо, что так случилось. Но меня это только злит. Я не понимаю, как можно сказать матери слова подобного содержания, пусть и не прямым текстом, но с явным подтекстом. Снова мысль моей собранной и решительной половины мчится в сторону эмпатии и врачебной этики.

Далее мы должны направиться в морг.

Там находится тело моего сына. В морге. Тело. Сына. Абсолютный ужас от понимания этих слов снова накрывает меня. И я на ватных ногах вхожу в это здание с мраморным полом, высоким потолком и надписью «Hic locus est, ubi mors gaudet succurrere vitae»[7] золотыми буквами на латыни.

В просторном холле мы ждем ассистента патологоанатома. Выходит мужчина средних лет, что-то говорит. И я даже что-то спрашиваю. Затем выходит санитар, и мы выясняем, когда можно забрать тело и как передать одежду. Он что-то рассказывает, но я вновь выпадаю из процесса, хотя сама о чем-то с ним договариваюсь.

[7]Вот место, где смерть охотно помогает жизни.

У стены этого холла стоит стол, за ним сидит женщина в норковой шубе. Женщина неприметной внешности. Ее норковая шуба здесь как-то диссонирует с окружающей действительностью.

Это ритуальный агент. Она показывает нам какие-то каталоги с детскими гробами и венками. Спрашивает что-то, рассказывает и кивает, когда мы задаем вопросы.

Я не могу разглядывать эти изображения. Они пугают меня. Я отказываюсь признавать, что Его больше нет. Но говорю, что нужен белый цвет, не называю чего. Назвать — значит признать. И отвечаю на вопрос, какого роста был мой сын. Это чтобы подобрали размер гроба.

Со справкой о смерти мы отправляемся за получением свидетельства о смерти. И снова моя решительная часть все делает сама. А муж и свекор сопровождают меня на этом пути. Вообще не ясно, почему я кажусь такой адекватной и собранной и будто все понимаю, а на деле, наверное, не будь их рядом, я просто упала бы в грязный снег и кричала, как будто у меня вырвали сердце. А может, это моя эмоциональная часть, другая я постоянно контролирую ситуацию и всех вокруг.

Попутно меня спрашивают, где мы будем хоронить ребенка. Хоронить. Ребенка. Все эти дикие и страшные слова совершенно выбиваются из моего привычного мироощущения.

Отвечаю, что для меня важно, чтобы он был как можно ближе. Мой папа на другом конце телефона, он уже съездил в комбинат благоустройства, так называется офис кладбища, и оформил место для захоронения, недалеко от нашей деревни. Мелькает мысль, что я смогу его навещать хоть каждый день. И он будет рядом.

Вдруг я осознаю, что традиционно на такое трагическое событие приезжают друзья и близкие, чтобы поддержать. Мне хочется сбежать на другую планету. А лучше просто исчезнуть. Я не понимаю, почему мой малыш, у которого вся жизнь впереди — секция футбола, конструирования роботов, научный кружок, университет и свадьба — больше не живет. А я продолжаю. Какое я имею право? Кто решил, что должно быть именно так? Как я посмотрю людям в глаза?

Как я могу быть в доме, где его кроватка, его пеленальный столик и ванночка без него. Придут друзья и близкие, его нет, а мы есть. Я есть. Так нельзя. И решительную мою половину накрывает чувство вины. Ведь это я его довела до такого состояния, и это я с ним под забором лежала, как мне сказала заведующая реанимацией.

В день похорон я снова напилась таблеток, чтобы наверняка. По инструкции, но в максимально дозволенной дозировке.

В комнате прощаний в больничном морге дали возможность проститься с Платоном тем, кто не поедет с нами в храм и на кладбище.

Я даже не могла войти на порог. Женя почти силой меня туда затолкал. Но я все равно как вкопанная стояла у дверей.

Когда мы уже были в храме, батюшка читал молитву, а потом говорил какие-то странные речи. Меня возмутила фраза про аборты. Что-то вроде «сначала вы делаете аборты, а потом оплакиваете младенцев». Я даже очнулась от своей эмоциональной комы. Что он хотел этим сказать?

Возможно, в своей проповеди он пытался напомнить всем собравшимся, что есть женщины, которые делают аборты, а потом эти же женщины хотят детей, но не могут зачать или у них умирают желанные малыши, и все это происходит, как я поняла из его речи, потому что сами виноваты. Платон мой желанный и первый ребенок от первой беременности. За какие мифические грехи Бог наказывает меня? За то, что когда-то в молодом возрасте я не хотела забеременеть? И считала, что еще не время? Так тогда, и правда, было не время. Я мечтала создать крепкую семью и родить сына. Моя мечта исполнилась. Но в воображении мой сын рос здоровым и взрослел...

Все, кто был с нами тогда, по очереди подходили и целовали его, прощались. Но я не могла подойти. Мне было страшно его увидеть, это значит признать. А я отказывалась признавать, что это правда мой маленький ребенок. Тот самый, который толкался в моем животе, который не спал ночами, который так обезоруживающе улыбался...

Вдруг я увидела, что все расходятся, а гроб вот-вот закроют. И сильная, решительная часть меня направилась к нему. Моему крошечному ангелу с фарфоровым лицом. Чтобы поцеловать, чтобы попрощаться. И увидеть его. В последний раз.

Дорога от больницы до храма и от храма до кладбища, и все происходящее слилось в тумане. Был морозный январский день, медленно шел снег крупными хлопьями.

Снег, который я мечтала ему показать.

ГЛАВА 14. ВАШ ВЫХОД

По закону отпуск по беременности и родам продолжается 70 календарных дней, далее начинается, если оформлен, отпуск по уходу за ребенком. И заканчивается в день достижения ребенком полутора лет, или раньше по желанию матери, или в день его смерти, как теперь знала я.

Только через несколько дней после похорон осознала, что, наверное, нужно выйти на работу. Ведь у меня теперь нет малыша. И как раз выяснилось, что по трудовому кодексу я должна была отправиться на работу на следующий день после трагедии.

Позвонила руководителю и сообщила ему о случившемся. Он выразил соболезнования и предложил написать заявление об отпуске за свой счет, пока я немного не приду в себя. Было приятно, что он отнесся с пониманием. Я так и сделала. Но помню, что Женя настаивал на том, чтобы я скорее вышла на работу. Чтобы занялась чем-то и перестала все время горевать.

Даже когда я вернулась к работе, горе не отпустило. В любой момент меня могли накрыть воспоминания или приходило осознание того, что нет на свете моего любимого сына, и я начинала плакать, иногда даже рыдать в голос. Шла умыться и попить воды, подышать воздухом из открытого окна. И становилось легче. Но лицо было красным и глаза заплаканными, конечно, скрыть свое состояние было невозможно.

Постоянно казалось, что я не имею права радоваться. Даже если вдруг слышала что-то забавное и легкая улыбка касалась моих губ, я вдруг злилась на себя и запрещала себе улыбаться.

С чего вдруг я буду жить и радоваться, а моему ребенку этого не придется испытать.

Вообще, меня разрывало от боли, когда я думала о том, что могло бы быть в его дальнейшей жизни и чего не случилось у нас двоих. Я горевала о том, что никогда не услышу от него «мама», что никогда не поведу его за ручку, подстраховывая первые неустойчивые шаги, никогда не увижу его увлеченно читающим книгу, не услышу его басистое «ну, мам», когда при друзьях-подростках буду его обнимать... о многом я жалела и горевала. Эти несбывшиеся с нами простые картинки одолевали меня.

На приемах у психолога я ревела навзрыд, пытаясь хоть что-то вымолвить. Но у меня не получалось ни одной фразы, мысль, которую я формулировала, моментально трансформировалась в поток слез. Потому что эта мысль была очень острой и болезненной. Терпеливый специалист по работе с потерями подавала мне носовые платки и не осуждала. Она говорила, что должно быть такое место, где можно дать волю чувствам и не держать их в себе. Если хочется плакать, то нужно плакать. И позволить себе просто лить слезы потери и несбывшихся надежд. Позволить себе выразить эту боль я могла у нее в кабинете и дома.

Меня хотели развеселить и куда-то отвести, чтобы сменить обстановку, чтобы увидеть жизнь. Муж пригласил меня в театр.

Я собралась, сделала легкий макияж, надела черное платье-футляр и пошла. В театре мы выглядели органично, красивая молодая пара, статный мужчина и стройная блондинка с голубыми глазами. По ней и не скажешь, что 4 месяца назад она родила малыша, по ней и не скажешь, что месяц назад она его похоронила.

В театре я постоянно теряла нить происходящего. Герои произносили реплики, а я в это время выпадала в другую реальность, проваливалась в размышления о своем горе. Потом вдруг замечала это и возвращала себя обратно в театральное кресло в зрительный зал и почти силой держала, чтобы хоть немного вникнуть в то, что происходит на сцене. И мне даже удалось распознать, что это современная постановка и выявить вероятные режиссерские задумки. Заметила и оценила спецэффекты в виде грозы на сцене.

Когда мы вышли из театра, меня все-таки душило чувство вины. Ну зачем я туда пошла? Зачем согласилась на этот выход в свет? Лучше бы сидела дома в своей коробочке, укутавшись в плед. А еще лучше лежать в кровати и не произносить ни слова. Смотреть в точку на стене и мечтать вернуться в прошлое, где он еще жив, а лучше, где даже еще не болеет. Раз за разом прокручивала в голове, как и где стоило поступить иначе, постоянно и в любой ситуации винила себя и считала, что я все делала неправильно.

Я видела, как сильно мое горе захватило меня и как тяготится этим Женя. А меня злило, что по нему незаметно, что его вообще коснулась вся эта история. Я все еще отчетливо помнила эту подбадривающую фразу, сказанную для него одним из его близких друзей: «Ничего, будут у тебя еще дети». Эта фраза стояла в моих ушах. Эта фраза обесценивала моего ребенка, сам факт его существования и обнуляла важность появления в нашей семье.

Я постоянно читала какие-то форумы для мам, потерявших детей. И там были разные тяжелые истории. Я рыдала над ними вечера и ночи напролет. Но некоторые участники, не осознавая, как они ранят, вместо поддержки произносили кощунственные слова. «Ну да, умер ребенок. Он ведь маленьким умер, это лучше, чем большим» или «А может, он вырос бы преступником», или «Это забудется со временем», или «Нужно выбросить все его вещи, чтобы ничего не напоминало и станет легче». Все люди разные и мамы, потерявшие родившихся или не рожденных малышей, тоже.

Мне было больно и обидно за моего сына. Мне хотелось, чтобы он был значим, чтобы его помнили как минимум члены моей семьи.

Друзья и знакомые отводили от меня глаза. Им казалось, что лучше не смотреть в них, а то вдруг я расплачусь. Лучше не напоминать о случившемся, вдруг я забыла о том, что они видели моего ребенка живым, а некоторые даже мертвым на похоронах. Но я не забыла, напротив, это нарочитое обхождение темы детей, темы потери и избегание любых возможных упоминаний было неестественным и неприятным. Ведь делать вид, что ничего не случилось, я не могла и не хотела. Напротив, мне было бы приятно поговорить о нем. И знать, что его помнят, хоть я и могла заплакать из-за этого разговора.

Очень благодарна одной моей мудрой подруге. Она, наверное, единственная говорила о нем и вспоминала, какой он был смышленый и милый. Каким он был красивым и удивительно задумчивым, недаром Космонавт. Мне было так приятно окунуться в светлые и счастливые дни, вспомнить наши прогулки и купания. Вспомнить нашу жизнь. Ведь она была. Да, возвращаться в реальность было больно, но гораздо хуже оставаться в ней всегда, без этих воспоминаний.

Он был, и это очень важно для меня. Я мама своего сына. Первенца.

***

Меня постоянно посещали мысли о смерти. Зачем я в этом мире теперь без него? Мир казался чужим и безрадостным. Где бы я ни была, мне являлись картинки несчастных случаев, в которых я погибала. В метро мне казалось, что меня случайно могут задеть большим рюкзаком, и я рухну на рельсы. За рулем я думала, что на дороге огромное количество большегрузов, и какой-нибудь один уж точно потеряет управление и снесет меня вместе с машиной. Мне хотелось, чтобы у меня появилась смертельная болезнь, которая заберет мою душу туда, где теперь душа моего сына.

Даже были какие-то суицидальные видения, как я шагаю в открытое окно, например. Но этот путь мне казался тупиковым. Так я не окажусь рядом с ним.

Психолог советовала мне пройти все стадии горевания, выплакать все и раздать его вещи. Но мне совсем не хотелось убирать из дома предметы, что могли напомнить о нем.

Я втайне надеялась, что у нас еще будут дети. И эти вещи им пригодятся. А еще я обязательно расскажу им про Платона. Но даже здесь я нашла, за что себя обвинить. Не будет ли считаться предательством, появление другого ребенка? А буду ли я любить его так же?

Но вдруг я испытывала страх. А вдруг детей не будет? Никогда. И я навсегда так и останусь только мамой ангела.

Помню, как тяжело было решиться на уборку детских предметов обстановки, кроватки, игрушек, одежды. Как непросто было разобрать пеленальный комод и убрать на антресоли коробки с молокоотсосом, моим долгим спутником, и бутылочками.

Вдруг дом стал просторнее, но он стал пустым. Теперь как будто совсем.

***

У нас был кот. Он жил со мной еще со студенческих лет, я несколько раз переезжала и всегда забирала кота с собой. Когда мы начали строить дом, его, естественно, поселили с собой. Он был все время с нами.

И когда родился Платон, кот был все время рядом и с любопытством наблюдал за новым членом семьи. Когда малыш заболел, кот беспокоился и крутился под ногами.

Когда Платона не стало, я выпала из жизни на какое-то время. И не заметила, что кот стал совсем тихим и немощным. Миска с кормом и водой всегда была полной. Я и не подумала, что он не ест и не пьет, мне казалось, что это Женя наполняет их. А он считал, что это делаю я.

Вдруг я обратила на него свое внимание. Он перестал есть, и из пушистого шелковисто-серого красавца превратился в тощего сухого кота с клочковатой шерстью. Мы посадили его в переноску и повезли к ветеринару.

Вердикт был печальным. У нашего кота обезвоживание, он не ест и не пьет, потому что у него крайняя степень почечной недостаточности. Почки перестали работать. И он медленно умирает.

Мне предложили его усыпить. Как?!

Абсолютно невозможно принять такое решение. Я только что потеряла любимого сына, я считаю жизнь наивысшей ценностью и не могу лишить этой ценности даже умирающего кота.

Мы побывали на консультации еще в двух ветеринарных клиниках. И в них нам говорили одно и то же. Но в последней обнадежили тем, что можно попробовать немного продлить его жизнь с помощью лечения.

Я загорелась этой идеей. Ухаживала за ним. Каждый день делала капельницы и подкожные инфузии, кормила из шприца. Давала лекарства. Мчалась с работы, чтобы узнать, живой ли. И действительно, он немного взбодрился. Начал понемногу есть свой самый любимый корм и даже замурлыкал и ластился. Пару недель он был бодрым, почти как раньше, но потом снова начал гаснуть.

Почки все-таки не справлялись и с каждым днем работали все хуже. И он продолжал умирать.

Я задавалась вопросом, может, стоит согласиться на усыпление? Может, он мучится? В поисках ответа на вопрос, как он может себя чувствовать, я нашла форум людей, которые столкнулись с почечной недостаточностью. Они описывают свое состояние как слабость, озноб и недомогание, но не боль.

Помню, как он стал снова чахнуть, снова начал отказываться от еды и только лежал. А ходить совсем не мог. Я переносила его из комнаты в комнату, чтобы он был рядом. Возвращаясь с работы, первым делом прислушивалась, дышит ли он. Лечение, которое я продолжала, уже не давало никакого эффекта.

В одну темную зимнюю ночь кот вздохнул в последний раз. Я была рядом и слышала его самый последний долгий выдох на моих руках.

Раньше я не задумывалась о том, что в момент смерти происходит последний выдох. Он долгий и шумный, похож на хрип, потому что выходит весь воздух из легких. Я продолжала ходить к психологу и уже могла говорить с ней. У меня появилась идея, которую не поддержал специалист.

В один из приемов я поняла, что если бы мои материнские чувства могли найти применение, я смогла бы жить дальше.

Мне хотелось заботиться о ребенке. В этом я видела свою дальнейшую жизнь.

ОГЛАВЛЕНИЕ